Photo Scherl

D. Dr. Wilhelm Kahl

Nova Juridica

Zum

35. Deutschen Juristentag

(Salzburg)

Verlag von Walter de Gruyter & Co.
Berlin W 10 und Leipzig

Inhalt

Als eine freie Vereinigung deutscher und österreichischer Juristen ist der „Deutsche Juristentag" im Jahre 1860 aus der damaligen Juristischen Gesellschaft zu Berlin hervorgegangen. Den Umkreis seiner Aufgaben und Arbeiten faßt kurz und treffend LGDir. Dr. Daffis im „Handwörterbuch der Rechtswissenschaft" (Bd. III S. 421) folgendermaßen zusammen:

„Der Zweck dieser Vereinigung ist, den lebendigen Meinungsaustausch unter den deutschen Juristen und ihren persönlichen Verkehr zu fördern. Seine Beratungsgegenstände erstrecken sich auf die Gebiete des Privatrechts, des Strafrechts, des Prozesses und des öffentlichen Rechts. Der Juristentag will die Rechtseinheit fördern und an der Entwicklung des Rechts mitarbeiten. Zur Mitgliedschaft im Deutschen Juristentag sind Hochschullehrer, Doktoren der Rechte, Richter, Staatsanwälte, rechtsgelehrte Verwaltungsbeamte, Rechtsanwälte (Advokaten), Notare und die Anwärter dieser Berufsarten berechtigt. Politische und kirchliche Fragen kommen nicht zur Verhandlung. Die Leitung der Geschäfte des Juristentags besorgt die „Ständige Deputation", die auch die wissenschaftlich hochbedeutsamen und für die Forschung der Rechtsentwicklung unentbehrlichen Berichte über die Verhandlungen auf den Juristentagen herausgibt. Die Sitzungen — ursprünglich jährlich, jetzt alle zwei Jahre — finden an jeweils wechselnden Orten statt, um einen möglichst großen Teilnehmerkreis für die Beratungsgegenstände zu interessieren. Die Versammlungen werden vorbereitet durch schriftliche Gutachten, die vorher den Mitgliedern gedruckt zugehen. Diese Gutachten werden von den ersten Autoritäten Deutschlands und Österreichs auf den betreffenden Gebieten verfaßt. Auf Grund der gedruckten Gutachten erstatten gleichfalls Autoritäten Berichte in den Versammlungen, woran sich ausgedehnte Erörterungen anschließen, die durch Beschlußfassung gekrönt werden".

Wie in der Festschrift von Olshausen zum 50jährigen Jubiläum des Deutschen Juristentages (1910) ausgeführt wurde (S. 8), „muß die Tätigkeit des Juristentages statutengemäß sich wesentlich in gesetzgeberischer Richtung bewegen; der Juristentag soll ein legislatorischer Ratgeber sein, soll bei den Arbeiten der Gesetzgebung anregen und helfen. Er will und kann nur wirken durch die Macht der moralischen Überzeugung, durch das Aussprechen der von ihm stets gesuchten und meist auch gefundenen communis opinio, durch die innere Wahrheit dessen, was er für wichtig erkennt und ausspricht. So sind denn auch von Anfang an alle Anträge abgelehnt, welche auf einen direkten Verkehr des Juristentages mit den Regierungen oder mit der Volksvertretung hinzielten, und die Beschlüsse sind stets nur in der Form und in dem Sinne gefaßt, daß der Juristentag seine Überzeugung ausspricht oder einen legislatorischen Akt für empfehlenswert erklärt. Das Hauptgewicht beruht auf dem inneren Wert der Gründe und auf der Art und Weise, wie es zu einem Beschluß des Juristentages kommt. Nach sorgfältiger Vorbereitung durch schriftliche Gutachten und nach mündlicher Berichterstattung wird der Fall durch die debattierenden Redner von Mund zu Mund, von Auge zu Auge erörtert. In Frage und Antwort, Rede und Gegenrede klären sich die Ansichten, vermitteln sich die Kontraste. Was ein jahrelang geführter Schriftwechsel im literarischen Kampfe nicht vermocht, wird oft in einer Stunde durch das Wortgefecht erreicht. Von hoher Bedeutung ist dabei der Umstand, daß Juristen aus den verschiedensten Rechtsgebieten, mit den verschiedensten Rechtsanschauungen und Gewohnheiten, mit- und gegeneinander auftreten, daß Männer aus allen Zweigen des juristischen Berufs: Mitglieder der Ministerien,

Richter und Staatsanwälte des Reichs und der Bundesstaaten, sowie Rechtsanwälte als Praktiker, Professoren und Dozenten als Theoretiker, sich gegenseitig öffentlich aussprechen. Also die wahre Bedeutung, der wahre Wert der Arbeit des Juristentages dürfte mehr in den Verhandlungen selbst als in deren Resultaten, mehr in den Gründen als in den Beschlüssen zu finden sein."

Seitdem Thomson die Geschichte der ersten 25 Jahre des Deutschen Juristentages und Olshausen die der zweiten 25 Jahre (unter Rückblick auch auf das erste Vierteljahrhundert) schrieb, ist nun eine weitere Fülle wertvollster Gutachten und Referate erstattet worden, deren würdigende Zusammenstellung einer Fortführung der Darstellung Olshausens vorbehalten bleibt, falls sich eine solche ermöglichen läßt.

Neben der rein fachwissenschaftlich aktuellen also der im besten Sinne rechtspolitischen Aufgabe des DJT. hebt Olshausen (S. 15/16 der Festschrift von 1910) ebenso wie es Daffis (s. oben) getan, auch die zweite, nicht minderwichtige Aufgabe des Juristentages, eine Vereinigung für den lebendigen Meinungsaustausch und den persönlichen Verkehr unter den deutschen Juristen zu bilden, hervor und führt in diesem Zusammenhange aus: „Nicht nur infolge des Meinungsaustausches, sondern auch nach anderen Seiten hin hat das persönliche Zusammenkommen ersprießliche Wirkungen im Gefolge, die in hohem Grade dazu dienen, auch fernerhin das Interesse am Juristentage wachzuhalten. Juristen aus den verschiedenen Rechtsgebieten tauschen im Privatverkehr auch außerhalb der offiziellen Debatten ihre Anschauungen und Erfahrungen gegenseitig aus, unbekannte Einrichtungen werden bekannt, die verschiedene Handhabung gleicher Gesetze wird mitgeteilt, die Mittel zur Abhilfe von praktischen Übelständen werden besprochen, die Zweckmäßigkeit alter und neuer Vorschriften wird erörtert, kurz all das Gute, das die Zusammenkünfte engerer Juristenkreise im Kleinen bringen, bietet hier der Juristentag im Großen. Wenige Teilnehmer an den Juristentagen wird es geben, die nicht von jedem Juristentage infolge des persönlichen Verkehrs mit den Berufsgenossen an juristischer Kenntnis und Erfahrung in irgendeiner Weise bereichert mit erweitertem Blick heimgekehrt sind.

Weniger ein Zweck als vielmehr eine Folge der Tätigkeit des Juristentages ist die seinen Verhandlungen immanente theoretische Bedeutung: die Förderung der Rechtswissenschaft. In dem großen Material der Verhandlungen steckt eine Fülle wissenschaftlicher Forschungen und Erörterungen, deren Wert vielfach in der Literatur Anerkennung gefunden hat. In der Tat haben sich ja auch viele unserer bedeutendsten Theoretiker wie Praktiker an den Gutachten und Debatten beteiligt und so durch den Glanz ihres Namens wie durch die Schätze ihrer Arbeit das wissenschaftliche Ansehen der Verhandlungen des Juristentages gehoben."

Es präsidierten den Juristentagen: (in chronologischer Ordnung, freilich hie und da mit Unterbrechungen):

v. Wächter	5	mal
Bluntschli	2	„
Gneist	12	„
Drechsler	4	„
Stenglein	1	„
v. Stoeßer	1	„
Brunner	5	„
Olshausen	1	„
Kahl	4	„

Die so wichtige vorbereitende Arbeit, die eigentliche geistige Leitung des Ganzen leistet die Ständige Deputation. Von ihr schrieb Olshausen:

„Als ein für die Vorbereitung der einzelnen Juristentage, namentlich durch Aufstellung der Themata und Einfordern von Gutachten, höchst wichtiges Organ ist die ständige Deputation hervorzuheben. Mit ihrem festen traditionellen Stamme alter

Mitglieder und mit ihrem stets sich erneuernden jungen Nachwuchse bildet die ständige Deputation neben dem Moment der fortschreitenden Mobilität zugleich das Moment der Stabilität in der wechselnden Flucht der Juristentagsversammlungen. Die Deputation sucht, schafft, sammelt und ordnet das Material für die Tagesordnungen. Gerade von ihren Mitgliedern, die aus möglichst vielen deutschen Stämmen und Rechtsgebieten ausgewählt und durch wechselseitige Beziehungen mehr oder weniger eng miteinander verbunden, in ihrer Vereinigung ein getreues Bild des gesamten Juristentages widerspiegeln, ist ein großer Teil der in den Gutachten und Referaten liegenden Arbeit geleistet worden. Als Berichterstatter traten besonders Brunner und Hamm mit 9 bzw. 11 Referaten hervor. Als Gutachter und Berichterstatter zugleich sind vor allem Gierke (6 Referate, 5 Gutachten), Stenglein (14 Referate, 3 Gutachten) und Gneist (15 Referate, 2 Gutachten) zu nennen."

Die Tagungsorte des 1.—35. Juristentages waren folgende:

1.	Berlin	1860	19.	Stettin	1888
2.	Dresden	1861	20.	Straßburg	1889
3.	Wien	1862	21.	Köln	1891
4.	Mainz	1863	22.	Augsburg	1893
5.	Braunschweig	1864	23.	Bremen	1895
6.	München	1867	24.	Posen	1898
7.	Hamburg	1868	25.	Bamberg	1900
8.	Heidelberg	1869	26.	Berlin	1902
9.	Stuttgart	1871	27.	Innsbruck	1904
10.	Frankfurt/Main	1872	28.	Kiel	1906
11.	Hannover	1873	29.	Karlsruhe	1908
12.	Nürnberg	1875	30.	Danzig	1910
13.	Salzburg	1876	31.	Wien	1912
14.	Jena	1878	32.	Bamberg	1921
15.	Leipzig	1880	33.	Heidelberg	1924
16.	Kassel	1882	34.	Köln/Rh.	1926
17.	Würzburg	1884	35.	Salzburg	1928
18.	Wiesbaden	1886			

Danach sind zweimal besucht worden:

Berlin	1860	Salzburg	1876
	1902		1928
Wien	1862	Köln	1891
	1912		1926
Heidelberg	1869	Bamberg	1900
	1924		1921

Möge auch die zweite Salzburger Tagung unter einem recht günstigen Sterne stehen!

Handwörterbuch der Rechtswissenschaft

unter Mitberatung von

Ministerialdirektor im Reichsjustizministerium Dr. E. Bumke, Reichsgerichtsrat L. Busch, Oberreichsanw. Dr. L. Ebermayer, Geh. Justizrat Professor Dr. Fr. Endemann, Geh. Justizrat Professor Dr. E. Heymann, Senatspräsident am Reichsgericht Dr. O. Strecker, Präsident des Bayerischen Obersten Landesgerichts Staatsrat Dr. K. v. Unzner

herausgegeben von

Fritz Stier-Somlo und **Alexander Elster**

Dr. jur., ord. Prof. an der Univ. Köln — Dr. jur., Berlin

Es liegen bereits vor:

I. Band: Abandon—Deichgüter. 1926, Lexikon-Oktav, XV, 912 Seiten 39.— RM., in Halbleder 46.— RM.

II. Band: Deichverbände—Giroverkehr. 1927, Lexikon-Oktav, XII, 960 Seiten, 42.— RM., in Halbleder 48.— RM.

IV. Band: Mädchenhandel—Reichsexekution. 1927, Lexikon-Oktav, X, 798 Seiten, 39.— RM., in Halbleder 46.— RM.

V. Band: Reichsgericht—Territorialprinzip. 1928, Lexikon-Oktav, X, 885 Seiten, 42.— RM., in Halbleder 48.— RM.

Band III und VI erscheinen zur Zeit in Lieferungen

„. . . lassen erkennen, daß es sich um ein wissenschaftlich bedeutendes Werk handelt, welches eine vortreffliche Ergänzung zu den systematischen Bearbeitungen des Rechts bietet. Der Inhalt ist außerordentlich reichhaltig. Die einzelnen Artikel sind von hervorragenden Fachkennern bearbeitet."

Ministerialrat Gadow i. d. »Juristischen Rundschau«

des Versicherungsnehmers gegen einen Dritten auf den Versicherer übergehen, soweit dieser dem Versicherungsnehmer den Schaden ersetzt. Die weitere Bestimmung des § 67 Abs. 1 Satz 2, daß dieser Übergang nicht zum Nachteil des Versicherungsnehmers geltend gemacht werden kann, wird durch § 148 VVG., ebenso § 45 der Allgemeinen Deutschen Seeversicherungsbedingungen für die Transportversicherung ausdrücklich aufgehoben, mit Rücksicht auf die in der Transportversicherung vielfach übliche teilweise Selbstversicherung und die Tatsache, daß solche Ansprüche gegen Dritte eine erhebliche Rolle spielen und schon bei der Prämienberechnung Berücksichtigung finden.

VI. Die Transportversicherung deckt alle aus der Ortsveränderung resultierenden Gefahren, soweit sie nicht durch besondere Klauseln ausgeschlossen werden, darunter auch die mit einem Transport in Zusammenhang stehenden kurzfristigen Lagerungen. Die Einschließung des Lagerrisikos und die nach dem Kriege in immer stärkerem Umfang erfolgte Übernahme reiner Lagerversicherungen durch die Transportversicherer hat Anlaß zu Streitigkeiten zwischen den Transportversicherern und Feuerversicherern gegeben, weil durch sie die Transportversicherer in ein Gebiet eindrangen, das bis dahin den Feuerversicherern vorbehalten war. Das Reichsaufsichtsamt hat sich auf den Standpunkt gestellt, daß Lagerversicherungen, die sechs Wochen überschreiten, nicht mehr als Transportversicherungen zu betrachten seien, und daher der Betrieb derartiger Versicherungen der Genehmigung durch die Aufsichtsbehörde bedürfe. Dementgegen folgert Bruck aus dem Begriff der Transportversicherung als der Versicherung gegen alle Gefahren, die dem versicherten Interesse während der Bewegung und der Bewegungsbereitschaft drohen, daß sich auch die Versicherung von Ruhezuständen der Transportmittel und Transportgüter notwendigerweise in die Versicherung ihrer Fortbewegung einfügen muß und unbegrenzt zuzulassen ist. Aus dem Bedürfnis der Textilveredelungsindustrie entstand die sogenannte Einheitsversicherung, nach welcher die Waren versichert sind nicht nur während des Transports der Rohstoffe und des Versands des Fabrikats zum Ausrüster, auf der Rückreise und während des Versands der fertigen Ware zu den Kunden, sondern auch während der Dauer der Verarbeitung bei dem Versicherten und den verschiedenen Ausrüstern. Dabei haftet der Versicherer für alle Schäden und erhält seine Prämie in der Regel nach dem Fakturenwert der ausgehenden Fertigwaren. Das Reichsaufsichtsamt hat sich auf den Standpunkt gestellt, daß derartige Versicherungen nicht mehr als Transportversicherungen anzusehen und deshalb genehmigungspflichtig seien. Es hat seit 1924 einer ganzen Reihe von Gesellschaften die Genehmigung zum Betriebe dieser besonderen Versicherungsart erteilt.

Schrifttum:

Über Seeversicherung s. diesen Artikel. — Zur Binnentransportversicherung: Hagen, Handbuch des Versicherungsrechts, Leipzig 1922. — Bäumler, Die Besonderheiten der Binnentransportversicherung nach deutschem Recht, Leipzig 1914. — Esser, Die Haftung der Eisenbahnen und die Transportversicherung, Berlin 1917. — Moldenhauer, Die Grenzgebiete zwischen Feuer- und Transportversicherung, Hamburg 1921. — Pahl, Die Landtransportversicherung in Deutschland, Berlin 1922. — Bruck, Zum Begriff der Transportversicherung, Zeitschr. f. Versicherungswesen, 1922 S. 11f. — Zur Luftfahrtversicherung: Döring, Die Luftversicherung, Berlin 1928.

Paul Moldenhauer.

Transportvertrag s. Frachtvertrag und Eisenbahnverkehrsordnung, Postrecht.

Trassant s. Wechselrecht.

Trauung s. Eherecht, kirchliches.

Trennung von Staat und Kirche s. Staat und Kirche.

Trennung von Tisch und Bett s. Eherecht.

Treu und Glauben.

I. Treu und Glauben.

1. Der Begriff „Treu und Glauben“ kann eine ausgezeichnete Stütze der Rechtspflege, aber ebenso auch ein Gefahrenmoment für die Rechtssicherheit sein. Das hängt davon ab, was für einen Gebrauch man von dem Begriff im Rahmen der Rechtsordnung macht. Er steht qualitativ zu hoch, als daß er verschleudert werden dürfte; denn er darf nicht dazu dienen, an die Stelle gesetzlichen und bedungenen Rechts zu dessen Abänderung gesetzt zu werden. Ein Auslegungsgrundsatz soll es sein, eine Rechtsidee, die in geeigneten Fällen Hilfe leistet, aber diese Hilfeleistung nicht aufdrängt, wo man ohne ihre aus-

Lehrbuch der Rechtsphilosophie

von

Dr. Rudolf Stammler

Geh. Justizrat, o. Professor an der Universität Berlin

Dritte, vermehrte Auflage.

Groß-Oktav. XVI, 396 Seiten. 1928.

RM. 13.—, in Leinen geb. RM. 15.—

„Nach einer Einleitung über die Aufgaben der Rechtsphilosophie, ihren Gegenstand, ihre Methode, ihre Bedeutung und einer ausgezeichneten knappen Geschichte zur Rechtsphilosophie erörtert Stammler mit gewohnter Meisterschaft an begrifflicher Klarheit der Gedanken und in edler, wahrhaft gehobener Sprache in fünf Büchern den Begriff des Rechts, die Behandlung des Rechts, das Werden des Rechts, die Idee des Rechts und endlich die Bewährung des Rechts. Das Studium des hervorragenden Werkes bedeutet ein läuterndes Stahlbad der Gedanken, es ist im hohen Grade geeignet zur erkenntniskritischen Klarheit unseres Denkens und Läuterung unseres Wollens zu führen."

Oberlandesgerichtsrat Dr. jur. und phil. Bovensiepen, Kiel, in dem Sächsischen Archiv für Rechtspflege.

„Es handelt sich um eine Leistung, die zurzeit außer Wettbewerb steht, um die Arbeit eines Meisters, der nicht nur als Rechtslehrer von der unbestrittenen Anerkennung getragen wird, der auch die Ergebnisse der neuzeitlichen Philosophie beherrscht und seinem Zwecke dienstbar macht."

Landgerichtsrat Dr. Mayer in der Kölnischen Zeitung.

„. . . ein Werk aus einem Gusse, ein herbes Werk von größter wissenschaftlicher Strenge, eine Schule, durch die jeder gehen muß, der mit den rechtsphilosophischen Problemen der Gegenwart ringt."

Schweizerische Juristen-Zeitung.

§ 21.

Induktives Suchen des Rechtsbegriffes.

Es ist ungeeignet, den Begriff *des Rechtes* aus einer Anzahl *rechtlicher* Erscheinungen herausziehen zu wollen. Dann schwebt vor, daß man viele Rechtserfahrungen aus dem Leben verschiedener Völker und Zeiten nebeneinander stellt und nun den darin gemeinsam enthaltenen Rechtsbegriff bestimmt. In der Tat ist aber eine jede von ihnen bereits durch ihre Kennzeichnung als *rechtliche* Tatsache dem gesuchten Begriffe unterstellt [1]. Sie setzt ihn daher logisch voraus [2].

Das gleiche gilt, wenn jemand versuchen wollte, den Begriff *des Rechts* durch eine Darlegung von Ereignissen zu bestimmen, die *Recht* verursacht haben. Auch hier ist in jedem Falle, da man die Entstehung von *Recht* in ihrem ursächlichen Zusammenhang erkennt, der Begriff *Recht* für jene gehäufte Zusammenstellung vorweggenommen und in ihr bereits bedingend verwendet [3].

Statt dessen ist es nötig, das Ganze der sozialen — nicht: der *rechtlichen* — Erfahrung zu untersuchen, in dem der Rechtsgedanke auftritt [4]. Dort sind die Bedingungen festzustellen, unter denen die Abteilung des Rechtes von anderen Arten des menschlichen Wollens einen verständlichen Sinn gewinnt [5].

---

§ 21. [1] Diesem notwendigen Schlusse entgeht man nicht etwa durch ein Zurückverlegen der Betrachtung rechtlicher Zustände in kulturell unentwickelte Zeiten. Sofern man dort *rechtliche* Normen und Einrichtungen beobachtet, vielleicht gegenüber *willkürlichen* Zwangsbefehlen, so ist bei aller Eigentümlichkeit ihres Inhaltes der Begriff *des Rechtes* ebenso gut vorweggenommen, wie es in verfeinerten *rechtlichen* Ordnungen besteht. Immer bleibt die Frage: Woran erkennt man überhaupt, ob ein besonderes Wollen *Recht* ist? S. oben § 19 N. 2. Vgl. WR. §§ 2; 87.

[2] Es ist das logische Prius von dem kausalen Prius zu unterscheiden. Die einzelne rechtliche Erscheinung tritt als ein Ganzes gleichzeitig in das Leben. Aber in ihr vermag die kritische Analyse den formalen Bestandteil des *rechtlichen* Bestimmens von der materialen Besonderheit gerade dieser Erscheinung zu sondern (§ 5 N. 1). Jener kehrt als einheitlich bedingende Methode des logischen Bestimmens überall wieder: dadurch werden die stofflich verschiedenen Strebungen gleichmäßig geordnet. Aber er verursacht dieses stofflich bedingte Begehren nicht. Das geschieht auf ganz andere Weise, die psychologisch darzulegen ist (§ 77).

[3] Das trifft auf alle Möglichkeiten zu, da man die Entstehung von *Recht* untersucht: auf die Abänderung einer bestimmten Rechtsordnung nach deren Verfassung, oder auf allgemeinere Lehren über mögliche Veränderungen irgendeines Rechtes, oder auch bei der Annahme einer vollständigen Neuentstehung von Recht gegenüber einem Zustande ohne alles Recht.

[4] Bierling (§ 18 N. 13) Kritik I S. 153 ff.; Prinzipienlehre I S. 19 ff. — A. Levi Per un programma di filosofia del diritto, Turin 1905.

[5] Das methodische Verfahren der Induktion betrifft immer nur die verhältnismäßige Verallgemeinerung einzelner Vorgänge. Es setzt, sozusagen, in der Mitte der rechtswissenschaftlichen Erwägung ein. Seine Arbeit begreift die Besonderheiten, hier: des bedingten Stoffes von geschichtlichem Rechtsinhalt. An ein Ende gelangt die juristische Induktion aber nie. Die allge-

Planck's Kommentar zum Bürgerlichen Gesetzbuch

nebst Einführungsgesetz

Bisher herausgegeben von

Dr. E. Strohal

weil. ord. Professor in Leipzig

Bearbeitet von

Dr. E. Brodmann, Reichsgerichtsrat, Dr. L. Busch, Reichsgerichtsrat, Dr. J. Ebbecke, weil. Reichsgerichtsrat, Dr. F. Flad, Senatspräsident beim Reichsgericht, Dr. M. Greiff, Wirkl. Geh. Oberjustizrat, Oberlandesgerichtspräsident, Dr. K. Gunkel, Reichsgerichtsrat, Dr. P. Knoke, Wirkl. Geh. Rat, Dr. M. Landois, Reichsgerichtsrat, Dr. A. Lobe, Senatspräsident beim Reichsgericht, Fr. Oegg, Senatspräsident beim Reichsgericht, Dr. H. Siber, o. Professor, Dr. O. Strecker, Senatspräsident beim Reichsgericht, Dr. K. v. Unzner, Staatsrat, Präsident des Bayerischen Obersten Landesgerichts

Vierte, neubearbeitete Auflage / Lexikon-Oktav

Bis jetzt sind erschienen:

Band I: Allgem. Teil §§ 1—240. 606 Seiten. 1913. RM. 15.—, geb. RM. 17.—

Band II: 1. Hälfte: Recht der Schuldverhältnisse (Allgem. Teil) §§ 241—432. 640 Seiten. 1914. RM. 15.—, geb. RM. 17.—

2. Hälfte: Recht der Schuldverhältnisse (Besonderer Teil). §§ 433—853. 1296 Seiten. 1923—1928. RM. 49.—, geb. RM. 52.—

Band III: Sachenrecht §§ 854—1296. XV, 1464 Seiten. 1920. RM. 30.—, geb. RM. 33.—

Band IV: Familienrecht. Erste Lieferung: §§ 1297—1436. 336 Seiten. 1924. RM. 10.—

Zweite Lieferung: §§ 1436—1588. VII und 365 Seiten. 1298. RM. 16.—

Band V: Erbrecht. Erste Lfg.: §§ 1922—1984. 192 Seiten. 1924. RM. 6.—

Zweite Lieferung: §§ 1985—2063. 160 Seiten. 1926. RM. 7.—

„Ich habe lange Strecken aus verschiedenen Abschnitten im Zusammenhang gelesen und verschiedentlich Gelegenheit gehabt, nachzuschlagen und zu finden, wo andere Bücher gar nichts oder nur Unzureichendes boten, und wiederum gefunden, daß jeder Teil in Inhalt und Form eine ausgezeichnete Arbeit ist, und daß das Werk jeder großen, selbst jeder Amtsbücherei, sobald es vollendet ist, zur Anschaffung empfohlen werden kann."

Schwartzsche Vakanzen-Zeitung.

vgl. Bem. 2a zu § 784, s. im übrigen für die Anweisung auch Bem. 1 zu § 784, Bem. 4 zu § 783, 3 zu § 787, Bem. a zu § 813.

3. Das Erlangen auf Kosten eines anderen muß ohne rechtlichen Grund erfolgt sein. Über die Frage, was unter dem Mangel eines rechtlichen Grundes zu verstehen ist, gehen die Meinungen auseinander. Es ist in verschiedener Weise versucht worden, den Begriff des rechtlichen Grundes auf ein einheitliches juristisches Prinzip zurückzuführen. So will z. B. Collatz S. 40 das Prinzip darin finden, daß alle Vermögensverschiebungen, die nicht auf einer Leistung des Benachteiligten beruhen, welche der Bereicherte kraft eines zwischen ihm und dem Benachteiligten bestehenden Schuldverhältnisses von diesem zu fordern berechtigt war, ungerechtfertigt seien und den Empfänger zur Ausgleichung verpflichteten. In sehr eingehender Untersuchung der einzelnen Fälle gelangt Jung S. 129 (ähnlich v. Mayr S. 428 ff. und Plessen S. 45) zu dem allgemeinen Grundsatze, daß mit der condictio rückgängig zu machen sind diejenigen Vermögensverschiebungen, welche sich vollziehen ohne eine Einwirkung auf die relativen rechtlichen Beziehungen der beiden Beteiligten zu haben. Diese und ähnliche Versuche (vgl. auch Hellwig, Verträge auf Leistung an Dritte S. 135; Klingmüller, Der Begriff des Rechtsgrundes) dürften indessen, abgesehen davon, daß dabei manche künstliche und zum Teil unrichtige Annahmen gemacht werden müssen, schwerlich geeignet sein, das Verständnis zu fördern; manche beachtenswerte Gesichtspunkte sind indessen aus ihnen zu entnehmen. Auch der von Stammler S. 153 ff. hervorgehobene Gesichtspunkt, daß es sich nach dem dem Bereicherungsanspruche zugrunde liegenden Gedanken um eine Reaktion des grundsätzlich richtigen Rechtes gegen das formell technische Recht handle, führt zu keiner juristisch brauchbaren einheitlichen Begriffsbestimmung des rechtlichen Grundes. Eine einheitliche Formel läßt sich nicht finden. (So auch Enneccerus § 442, S. 634; Oertmann Vorbm. 1b γ).

Einstweilige Verfügungen sind lediglich prozessuale Behelfe, die die materielle Rechtslage nicht ändern können. Sie können daher als Rechtsgrund im Sinne des § 812 nicht in Betracht kommen (RG. in HRR. 1928 Nr. 828). Gleiches gilt vom Arrest.

Eine „Auflösung" der gesamten Anspruchsgruppe der Bereicherungsansprüche will Schulz in seinem „System der Rechte auf den Eingriffserwerb" im ArchZivPrax. 105, 1 ff., insbesondere S. 473 ff. vornehmen, indem er den Versuch macht, sie durch Ansprüche auf den „Eingriffserwerb" zu ersetzen. Nach ihm ist Eingriff jede Einwirkung auf ein fremdes Recht, Eingriffserwerb der Erwerb, der durch einen unberechtigten Eingriff in ein fremdes Rechtsgut gemacht wird. Bereicherungsansprüche sind nach ihm Ansprüche aus widerrechtlichem Handeln. Gegenstand der „sogenannten" Bereicherungsansprüche soll nicht die auf Kosten des anderen erlangte Bereicherung, sondern das sein, was er durch den Eingriff erlangt hat. Gehaftet soll für das Erlangte von dem kritischen Zeitpunkt an auf den Überrest, später nach allgemeinen Vorschriften werden. Von einem Schaden des Betroffenen wird abgesehen. Mit Recht hat hiergegen Enneccerus § 442 Anm. 1 darauf hingewiesen, daß in zahlreichen Fällen ein Bereicherungsanspruch gegeben ist, obwohl der Erwerb nicht auf einen Eingriff in fremde Rechte beruht, daß häufig eine Widerrechtlichkeit fehlt, und daß sich ein allgemeiner Grundsatz des Inhalts, daß der durch den Eingriff Betroffene über das Maß seines Schadens hinaus Herausgabe des Eingriffserwerbs verlangen könne, nicht aufstellen läßt. Überhaupt ist aus den bestehenden Rechtsnormen bei der Vielgestaltigkeit ihrer Tatbestände und Voraussetzungen und bei der Verschiedenheit der positiven Regelung der Einzelfälle ein allgemeines Prinzip über die Pflicht zur Herausgabe des Eingriffserwerbs nicht zu gewinnen. Gegen Schulz auch eingehend Kisch, Bereicherungsanspruch bei gutgläubiger Patentverletzung in der Festschrift zum 50jähr. Bestehen des Reichspatentamts S. 100 ff. Ferner auch Staudinger § 181 Bem. 3.

Im Anschluß an die gemeinrechtliche Theorie werden die beiden Fälle zu unterscheiden sein, daß die Vermögensverschiebung durch Leistung und daß sie in sonstiger Weise erfolgt.

a) Die Vermögensverschiebung erfolgt durch Leistung des Benachteiligten.

1. Derjenige, welcher leistet, ist nicht notwendig auch rechtlich der Leistende und ebenso ist derjenige, der die Leistung empfängt, rechtlich nicht notwendig auch der Empfänger der Leistung. Eine Leistung durch den berechtigten Vertreter im Namen des Vertretenen macht den Vertretenen zum Leistenden. Empfang der Leistung durch den berechtigten Vertreter im Namen des Vertretenen macht den Vertretenen zum Empfänger (vgl. K. v. RGR. Bem. 4). Leistet daher der Vormund oder der Vater als gesetzlicher Vertreter seiner minderjährigen Kinder, so sind Mündel oder die Kinder die Berechtigten; empfängt der Vormund oder Vater die Leistung als Vertreter des Mündels oder der Kinder, so sind diese die Leistungsempfänger. Anders, wenn die vormundschaftsgerichtliche Genehmigung verweigert wird; alsdann fehlt es an der Vertretungsmacht des Vormundes oder Vaters. Im Einzelfalle kann aber, wenn auch die Vertretenen keine rechtsgeschäftliche Haf-

Das Bürgerliche Gesetzbuch

mit besonderer Berücksichtigung

der Rechtsprechung des Reichsgerichts

erläutert von

Dr. Busch, Erler, Dr. Lobe, Michaelis, Oegg, Sayn Schliewen und Seyffahrt

Reichsgerichtsräten und Senatspräsidenten am Reichsgericht

Sechste, neubearbeitete Auflage

Fünf Bände. Lexikon=Oktav. 1928.
RM. 125.—, in Halbleder geb. RM. 150.—

I. Band: Allgemeiner Teil. Recht der Schuldverhältnisse I (allgemeiner Teil).

II. Band: Recht der Schuldverhältnisse II (einzelne Schuldverhältnisse).

III. Band: Sachenrecht.

IV. Band: Familienrecht.

V. Band: Erbrecht. Alphabetisches Sachverzeichnis.

„Der Kommentar der Reichsgerichtsräte liegt jetzt vor. Damit ist der Zivilpraxis wieder ihr wichtigstes Hilfsmittel nach dem neuesten Stande in die Hand gegeben, welches wie kein Buch zuvor fördernd und klärend auf die gesamte Gerichtstätigkeit eingewirkt hat. Gerade die knappe, klare Form der Rechtssätze, die Vollständigkeit der oberstrichterlichen Rechtsprechung, die objektive Darstellung hat den Kommentar zur »glossa ordinaria« des BGB. gemacht, dessen Benutzung zur sachgemäßen Bearbeitung fast jeder Rechtssache gehört."

Kammergerichtsrat Dr. von Delsen, Berlin in der „Juristischen Wochenschrift".

KGJ 24 A 137; 25 A 318; 26 A 254; vgl. auch OLG 26, 172 [materiellrechtlich hat eine solche Zustimmung, z. B. hinsichtlich der Frage des Erfordernisses vormundschaftsgerichtlicher Genehmigung, keine Bedeutung]). — Formellrechtlich (nicht auch nach BGB, RJA 8, 42) ist ferner gemäß § 40 GBO (Ausnahme § 41) erforderlich, daß der Eigentümer als solcher im Grundbuch eingetragen ist (KGJ 26 A 254; 27 A 146; RJA 4, 267; OLG 5, 300).

3. Über die Bedeutung der **Unwiderruflichkeit** der Zustimmung vgl. § 875 A 9, § 876 A 8.

§ 1184

Eine Hypothek kann in der Weise bestellt werden[1]), daß das Recht des Gläubigers aus der Hypothek sich nur nach der Forderung bestimmt[2]) und der Gläubiger sich zum Beweise der Forderung nicht auf die Eintragung berufen kann[3]) (Sicherungshypothek).

Die Hypothek muß im Grundbuch als Sicherungshypothek bezeichnet werden[4]).

E I 1125, 1126 II 1092; M 3 764; P 3 678.

1. **Bestellt wird die Sicherungshypothek,** wie die Verkehrshypothek, gemäß § 873 durch Einigung des Eigentümers mit dem Gläubiger und Eintragung. Jedoch müssen die Beteiligten sich über das Wesen der Sicherungshypothek klar sein und namentlich ihren Willen darauf richten, daß die Forderung nicht unter dem öffentlichen Glauben stehen und für den Eigentümer alle Einwendungen aus dem persönlichen Schuldverhältnisse gegenüber der dinglichen Klage eines jeden Erwerbers gegeben sein sollen (§ 1185 Abs 2). Daß dabei das Wort „Sicherungshypothek" gebraucht wird, ist nicht unbedingt notwendig (KGJ 34 A 325). Wird die Einigungserklärung eines Teiles durch rechtskräftiges Urteil gemäß § 894 ZPO ersetzt, so muß die Verurteilung deutlich auf Bewilligung der Eintragung einer Sicherungshypothek lauten. Sonst kann von dem andern Teil nur die Eintragung einer Verkehrshypothek verlangt werden. — Die zu sichernde Forderung ist bei der Bestellung der Sicherungshypothek in gleicher Weise anzugeben wie bei Bestellung einer Verkehrshypothek (s. § 1113 A 5; KGJ 35 A 283).— Über die Fälle, in denen Sicherungshypotheken kraft Gesetzes entstehen oder im Wege der Zwangsvollstreckung eingetragen werden, vgl. die Vorbem 3, 4, 5 vor § 1113 sowie § 873 A 1. Auch auf diese Sicherungshypotheken finden die Vorschriften über die vertragsmäßige Sicherungshypothek Anwendung (RG 78, 407; 105, 77). Für die wichtigsten von ihnen, die Sicherungshypotheken für die Forderungen gegen den Ersteher eines zwangsversteigerten Grundstücks und die Arrest- und Zwangshypotheken, sind einige Sondervorschriften gegeben. Vgl. in ersterer Hinsicht ZVG § 130 Abs 1 Satz 2 (Ersichtlichmachung im Grundbuche, daß die Eintragung auf Grund eines Zwangsversteigerungsverfahrens erfolgt ist), § 128 Abs 3 Satz 2 (im Falle der Vereinigung mit dem Eigentum nicht zum Nachteil bestehengebliebener Rechte usw. geltend zu machen; vgl. dazu RJA 12, 276: die Forderung gegen den Ersteher, der das Bargebot nicht berichtigt hat, kann, wenn auch er mit einem Recht am Grundstück beteiligt war, auf ihn selbst übertragen, und es kann für ihn selbst die Eintragung einer Sicherungshypothek vom Vollstreckungsgericht veranlaßt werden, falls sein Recht mit dem Rechte eines Dritten [z. B. Nießbrauch, Pfandrecht] belastet ist), §§ 128 Abs 1, 2, 129 (Rangverhältnisse unter mehreren Sicherungshypotheken). Für eine Arrest- oder Zwangshypothek kann eine Gesamthypothek an mehreren Grundstücken nicht eingetragen werden. Auch gelten für sie hinsichtlich der Entstehung einer Eigentümerhypothek Sondervorschriften. Vgl. hierüber §§ 1132 A 3 und 1177 A 2. Bezüglich der auch für Arresthypotheken geltenden (RG 60, 279; RJA 1, 20) Vorschrift des § 866 ZPO, daß eine Zwangshypothek nur für eine den Betrag von 300 Mark übersteigende Forderung eingetragen werden darf und die §§ 4, 5 ZPO entsprechende Anwendung finden, sind zahlreiche Streitfragen entstanden, auf die hier nicht einzugehen ist. Die Arresthypothek ist eine Höchstbetrags-Sicherungshypothek (§ 1190) in Höhe des nach § 923 ZPO festgestellten Betrags (§ 932 Abs 1 ZPO). — Eine für eine Bauarbeitenforderung bestellte Verkehrshypothek ist nicht deshalb eine Sicherungshypothek, weil der Bau noch nicht fertiggestellt ist (RG Gruch 50, 990). — Unzulässig ist es nicht, daß eine Hypothek in der Weise bestellt wird, daß sie nach außen als Verkehrshypothek, dagegen im Innenverhältnisse zwischen den Beteiligten als Sicherungshypothek, insbesondere Höchstbetragshypothek, gelten soll (RG 60, 247; Gruch 51, 378; Warn 1917 Nr 19; vgl. § 1190 A 4 a. E.).

2. Das wesentliche Merkmal der Sicherungshypothek besteht darin, daß **das Recht des Gläubigers aus der Hypothek sich nur nach der Forderung bestimmt.** Das hat in Verbindung mit dem die Anwendung der §§ 1138, 1156 ausschließenden § 1185 Abs 2 die Bedeutung, daß der öffentliche Glaube des Grundbuchs bei der Sicherungshypothek nicht, wie bei der Verkehrshypothek, auch hinsichtlich der Forderung gilt, daß also die Sicherungs-

Allgemeiner Teil

des

Bürgerlichen Gesetzbuches

von

Dr. Heinrich Lehmann

ordentlicher Professor der Rechte in Köln a. Rh.

Dritte, vermehrte und verbesserte Auflage

Oktav / XIV, 439 Seiten / 1928

RM. 12.—, in Leinen geb. RM. 13.50

„Die Schilderung Lehmanns ist überall anregend und fesselnd. Das Werk kann allen Rechtsstudenten und Referendaren zur Anschaffung dringend empfohlen werden."
Der junge Rechtsgelehrte.

„Hervorzuheben ist die feingeschliffene, klare, kurze sprachliche Ausdrucksweise, so daß das Buch in jeder Hinsicht als wahres Lehr- und Lernbuch im besten Sinne des Wortes für den Rechtsstudenten empfohlen werden kann."
Breslauer Hochschul-Rundschau.

„Das Buch, welches an Vollständigkeit und wissenschaftlicher Bearbeitung nichts zu wünschen übrig läßt, wird zu den führenden auf dem Gebiete des Familienrechts gerechnet werden. Es kann daher jedem Juristen, insbesondere dem Studierenden, aufs wärmste empfohlen werden."
Hessische Rechtsprechung.

C. Befugnis zum Selbstschutz. § 18.

I. Allgemeines.

1. Grundgedanke. Der Schutz der Rechte gegen Verletzung und Verletzungsgefahr ist im allgemeinen eine Aufgabe des Staates. Der Berechtigte muß die Gerichte anrufen. Der Selbstschutz — wenigstens soweit dabei in fremde Rechtsgüterwelt eingegriffen wird — ist mit einem geordneten Staatswesen grundsätzlich nicht verträglich. Daraus ergibt sich folgender Leitsatz:

Selbstschutz innerhalb der Schranken der eigenen Rechtsausübung und der allgemeinen Handlungsfreiheit ist schlechthin zulässig. Selbstschutz durch Eingriff in fremden Rechtskreis ist nur zulässig, soweit er besonders gestattet ist.

Hauptstellen der Regelung sind: 227—231 und 904; sonstige Einzelbestimmungen finden sich im ganzen Gesetz zerstreut, insbesondere in 859, 561, 581 II, 704, 910, 962, 867, 1005 u. EG. 89.

2. Verschiedene Behandlung im Hinblick auf den Zweck. Man muß scheiden:

a) Selbsthilfe zum Zweck der Rechtsverteidigung, also Abwehr von Angriffen und Gefahren — abwehrende Selbsthilfe;

b) Selbsthilfe zum Zweck der Rechtsverfolgung, also eigenmächtige Verwirklichung oder Sicherung des dem Recht entsprechenden Zustandes — angreifende Selbsthilfe.

Die Selbstverteidigung, die einen bestehenden Zustand gegen Veränderungen schützen will (Notwehr, Notstandshandlung im Sinne der Sachwehr 228), ist in weiterem Umfang gestattet, als die Selbstverwirklichung oder -sicherung eines Rechts, die einen bestehenden Zustand umgestalten will (Selbsthilfe im engeren Sinne nach 229 und Notstandsangriff nach 904).

3. Die rechtliche Natur der Selbsthilfe ist streitig:

a) eine Meinung sieht im Tatbestand der erlaubten Selbsthilfehandlung nur einen Ausschlußgrund der Widerrechtlichkeit;

b) andere nehmen ein selbständiges Notrecht an (Titze);

c) eine dritte Meinung (Zitelmann) sieht in der erlaubten Selbsthilfehandlung eine Ausübung des zu schützenden Rechts und nimmt an, daß zu dessen Gunsten hier ausnahmsweise die Schutznormen des fremden Rechtskreises eingeengt sind.

Der Streit ist ein rein lehrhafter ohne praktische Bedeutung.

4. Verhältnis der bürgerlich-rechtlichen Tatbestände erlaubter Selbsthilfe zu den im Strafgesetzbuch anerkannten Tatbeständen:

Das Strafgesetzbuch erklärt die Strafbarkeit für ausgeschlossen bei erlaubter Notwehr- und Notstandshandlung, deren Tatbestände es selbständig festgelegt hat. Damit ist noch nicht ohne weiteres im Sinne des BGB. die Rechtswidrigkeit der nicht strafbaren Selbstschutz-

Mietrecht

und Wohnungsmangelgesetzgebung

im Reiche, in Preußen und in Berlin

einschl. Hauszinssteuer, Kostenwesen u. Rechtsentscheiden des Kammergerichts und des Obersten Landesgerichts

Zusammengestellt und mit ausführlichem Schlagwortregister versehen von

O. Krieg
Landgerichtsdirektor

Vierte Auflage / Taschenformat

XII, 594 Seiten / 1928 / In Leinen geb. RM. 10.—

„Das Buch steht ganz selbstverständlich auf dem Arbeitstische jedes Richters und Anwalts, der sich mit Mietrecht beschäftigen muß, in der Bibliothek jedes Gerichts, Mieteinigungsamtes und Wohnungsamtes. Aber darüber hinaus sollte es jeder Hauseigentümer, Hausverwalter und Vermieter besitzen. Denn es ist ein absolut zuverlässiger Führer in der jetzigen Wohnungszwangswirtschaft."

Landgerichtsdirektor Dr. Georg Bandmann (Berlin) in „Das Grundeigentum".

„Ein vorzügliches Hilfsmittel, um schnell auf dem schwierigen Gebiet sich zurechtzufinden."

Zentralblatt der Bauverwaltung.

OLGPräs. Prof. Dr. Max Mittelstein, Hamburg nennt in der Juristischen Wochenschrift dieses Buch eine „vortreffliche Sammlung".

Qd.

Berliner Wohnungsnotrecht.

Vom 21. Mai 1927 (GemBl. 204).

In Kraft seit 1. 6. 27.

Mit der Abänderung vom 7. November 1927 (GemBl. 469).

Auf Grund der mit Zustimmung des Reichsarbeitsministers gemäß den §§ 1, 6 und 10 des Wohnungsmangelgesetzes vom 26. Juli 1923 (Reichsgesetzbl. I S. 754) erteilten Ermächtigung des Preußischen Ministers für Volkswohlfahrt vom 12. Mai 1927 — II 7. 422 — wird hiermit folgendes angeordnet:

§ 1. Erhaltung des Wohnraumes.

(1) Ohne vorherige Zustimmung des Wohnungsamtes dürfen

a) Gebäude oder Teile von Gebäuden nicht abgebrochen,
b) mehrere Wohnungen zu einer nicht vereinigt oder Wohnräume in Geschäftsräume nicht verwandelt werden.

(2) Räume, die bis zum 1. Oktober 1918 zu Wohnzwecken bestimmt oder benutzt waren, dürfen zu anderen Zwecken, insbesondere als Fabrik-, Lager-, Werkstätten-, Dienst- oder Geschäftsräume nicht verwendet werden. In besonderen Fällen kann das Wohnungsamt mit Zustimmung des Oberpräsidenten Ausnahmen zulassen, wenn dem Wohnungsamt für die beanspruchten Räume gleichwertige Wohnräume oder entsprechende Geldbeträge zur Herstellung neuer Wohnräume überlassen werden.

(3) Einzelne Räume einer Wohnung darf der Verfügungsberechtigte auch zu anderen als Wohnzwecken verwenden, sofern sie von den übrigen Räumen nicht abgetrennt werden

Aktienrecht

Kommentar

von

Reichsgerichtsrat i. R. Dr. jur. Erich Brodmann

Groß-Oktav. XII, 580 Seiten. 1928

RM. 28.—, in Leinen geb. RM. 30.—

Julius von Gierke sagt über Brodmanns Arbeitsweise anläßlich seines G.m.b.H.-Kommentars (GJK 1): „Der vorliegende Kommentar bietet eine Auslegung, die sich durch Selbständigkeit und Scharfsinn auszeichnet."

„Brodmann ist kritisch und schöpferisch wirksam. Mit unvergleichlichem Geschick hat der Verfasser Großartiges geleistet — Brodmann ist Trumpf!"

Zeitschrift für Aktien-Gesellschaft.

„Es wird den hervorragenden Vorzügen des Buches keinen Abbruch tun, wenn man das Bedürfnis empfindet, sich kritisch mit ihm zu befassen. Wenn man wirtschaftlich eingestellten Anschauungen zuneigt, erscheint die Leistung Brodmanns besonders imponierend, mit im wesentlichen rein juristischem Rüstzeug die Materie zu meistern. Es ist nur ein Buch für mit der Materie hinreichend vertraute Leser; aber für sie bedeutet es eine Förderung und eine Wohltat."

Juristische Wochenschrift.

„Der Kommentar, der eine aus allerbester Sachkenntnis schöpfende, die gesamte Rechtsprechung umfassende, eingehende Erläuterung des Aktienrechts bietet, kann wegen der weitgreifenden Bedeutung des Aktienrechts eines starken Erfolges sicher sein. Jedem Interessenten wird das Werk wichtige Dienste leisten und willkommen sein."

Industrie- und Handelszeitung.

Frage angeht, ob sich unverteiltes Vermögen herausgestellt hat, so genügt nicht die Behauptung. Wenn insbesondere behauptet wird, daß der Gesellschaft noch Ersatzansprüche zustehen, so müssen die begründenden Tatsachen angegeben und nötigenfalls unter Anstellung von Ermittelungen nach § 12 FGG festgestellt werden; RJA 12, 218 (München); 15, 212 (KG); 17, 107 (KG). Gegen die Entscheidung des Registerrichters findet Beschwerde nach § 20 FGG statt; wird der Antrag zurückgewiesen, so steht die Beschwerde nur dem Antragsteller zu; wird ihm stattgegeben, jedem, dessen Recht durch die Verfügung beeinträchtigt wird; das trifft nicht zu auf solche Gläubiger der Gesellschaft, welche befriedigt worden sind, RJA 10, 255 (KG); 12, 218 (München); 16, 95 (KG), wohl aber auf Gläubiger, welche noch zu fordern haben, auch wenn sie nicht die Antragsteller sind, ferner auf den zum Liquidator Bestellten; RJA 14, 59 (KG). Nach RJA 12, 218 (München) kann in dem Verfahren zur erneuten Bestellung eines Liquidators der frühere Liquidator die Gesellschaft vertreten, was praktisch zu begrüßen wäre, sich aber angesichts der in Abs. IV beliebten Regelung kaum aufrecht erhalten läßt; vgl. hierzu Josef in LZ 1914, 657[1]; in HoldhMS 23, 175; Marcus in HoldhMS 23 143 (dem darin widersprochen werden muß, daß der frühere Liquidator einen Anspruch darauf hätte, wieder bestellt zu werden).

Der Registerrichter darf seine Entscheidung nicht davon abhängig machen, daß der Antragsteller einen Kostenvorschuß zur Bildung einer Liquidationsmasse zahlt; RJA 15, 212 (KG).

d) War die Gesellschaft nicht in Liquidation getreten, sondern in Konkurs geraten, so wird gegebenenfalls nicht die Liquidation, sondern das Konkursverfahren wieder aufgenommen; Staub-Pinner § 302[24]. Erst wenn der Konkursverwalter die Wiederaufnahme ablehnt, sind Liquidatoren in der Lage, sich der Sache anzunehmen.

§ 303.

Eine Verwertung des Gesellschaftsvermögens[1] durch Veräußerung des Vermögens im ganzen[2] ist nur auf Grund eines Beschlusses der Generalversammlung zulässig. Der Beschluß bedarf einer Mehrheit, die mindestens drei Vierteile des bei der Beschlußfassung vertretenen Grundkapitals umfaßt; der Gesellschaftsvertrag kann noch andere Erfordernisse aufstellen[3].

Der Beschluß hat die Auflösung der Gesellschaft zur Folge, sofern diese nicht bereits aufgelöst war[4].

Die Vorschriften der §§ 294 bis 302 kommen mit der Maßgabe zur Anwendung, daß die Liquidatoren zu denjenigen Geschäften und Rechtshandlungen befugt sind, welche die Ausführung der beschlossenen Maßregel mit sich bringt[5]. Die Ausantwortung des Vermögens an den Übernehmer darf nur unter Beobachtung der für die Verteilung unter die Aktionäre nach den §§ 297, 301 geltenden Vorschriften stattfinden[6].

1. Besondere Vorschriften gelten für den Fall, daß die Gesellschaft beschließt, sich dadurch aufzulösen, daß sie ihr Vermögen im ganzen auf einen anderen überträgt. Der Erwerber kann eine natürliche oder eine juristische Person sein. Es können Erwerber auch mehrere natürliche Personen sein, nur müssen diese irgendwie gesellschaftlich miteinander verbunden sein und so den Vertrag schließen. Die Regel ist, daß auch in diesen Fällen der Auflösung eine Liquidation stattfindet (§ 303). Aber es besteht das Bedürfnis, daß in diesen Fällen das Vermögen aus der einen Hand in die andere übergeht, ohne daß der auf Erwerb gerichtete Betrieb eine Störung oder Unterbrechung erfährt, und das bedingt Abweichungen von den allgemeinen Vorschriften über die Liquidation. Das Sperrjahr muß zum Schutze der Gläubiger auch hier beobachtet werden und erfährt sogar noch eine Erweiterung seiner Bedeutung. Vor Ablauf des Jahres darf nicht nur an Aktionäre nichts verteilt, sondern es darf auch das veräußerte Vermögen dem Erwerber nicht überantwortet werden. Anderseits fällt die Beschränkung der Liquidatoren auf Abwicklungsgeschäfte fort, die vielmehr — vorbehaltlich besonderer Vereinbarungen zwischen der Gesellschaft und dem Erwerber — darauf bedacht sein müssen, das Geschäft bis zur Ablieferung an den Erwerber in der bisherigen auf Erzielung von Gewinn gerichteten Weise fortzuführen. In zwei Fällen ist auch in dieser Gestalt eine Liquidation nicht unbedingt erforderlich. Wenn der Erwerber das Reich, ein Bundesstaat, ein Kommunalverband ist, kann beschlossen und vereinbart werden, daß die Liquidation unterbleiben soll; § 304. Und das gleiche gilt bei der Fusion, d. h. wenn der Erwerber eine Aktiengesellschaft ist und ihre Gegenleistung darin besteht, daß sie die Aktionäre der zur Auflösung kommenden Gesellschaft als eigene Mitglieder aufnimmt; § 306. Der § 305 endlich trifft für diesen Fall der Fusion — gleichviel ob der Fortfall der Liquidation

Beiträge zur Rechtsstellung der Geschäftsführer einer G. m. b. H.

nach

deutschem und französischem Recht

Von

Dr. Hermann Klumpp

Oktav. 187 Seiten. 1928. RM. 6.—

Aus dem Inhalt

Zum deutschen Recht:

„Rechtliches Leben“ einer Körperschaft / „Organe“ und ihre „Stellung“ / Die G. m. b. H. als Handelsgesellschaft / Bezeichnung „Geschäftsführer“ / Fähigkeit zur und durch die Geschäftsführerstellung / Bestellung „Unfähiger“ / Unmittelbare und mittelbare Berufung / Selbstberufung, Selbstanstellung / „Zwangbestellung“ / Umfang des organrechtlichen und des körperschaftsrechtlichen Könnens / Untervollmachten / Selbstabschlüsse / Zeichnung / Überschreiten des organrechtlichen Könnens.

Zum französischen Recht.

Im G. m. b. H.-Recht hat die Stellung des Geschäftsführers besondere Bedeutung. Die vorliegende Arbeit, die unter Auswertung der umfangreichen Literatur eine eingehende Untersuchung dieser so wichtigen Frage nach deutschem und französischem Recht darstellt, wird in juristischen und geschäftlichen Kreisen Interesse finden.

halten, das in Ausübung des organrechtlichen Könnens erfolgt [76]), und

VI. seelische Vorgänge, die in objektivem Zusammenhang mit dem rechtlichen Leben der G. m. b. H. stehen [77]), werden ihr zugerechnet. Und zwar soweit sie durch den Wortlaut der §§ 166 und 31 BGB nicht erfaßt werden, in entsprechender Anwendung dieser Grundsätze [78]). Als seelischer Vorgang kommt namentlich das Erfinden in Betracht [79]).

§ 35. Die öffentlich-rechtliche Vertretung, insbesondere die gerichtliche.

I. Alles organrechtliche Können des Geschäftsführers kann im Verhältnis zum übergeordneten Staat ausgeübt werden. So gegenüber den Steuerbehörden; gegenüber der Polizei, etwa der Gewerbepolizei; und namentlich gegenüber dem Gericht [1]). Die entwickelten Grundsätze bezüglich des Umfangs [2]) gelten auch hier. Die Partei- und Prozeßfähigkeit — als drittrechtliche (formale) Fähigkeit — ruht in dem unbeschränkbaren drittrechtlichen Können des Geschäftsführers. Ebenso die sachliche Legitimation für jede drittrechtliche Prozeßhandlung. Dagegen ist die sachliche Legitimation für eine körperschaftsrechtliche Handlung, soweit sie sich nicht aus einer besonderen gesetzlichen Bestimmung ergibt, besonders zu prüfen.

II. Der Geschäftsführer legitimiert sich durch einen Auszug aus dem Handelsregister. Die Legitimation ist vom Gericht zu prüfen. § 56 ZPO.

---

[76]) z. B. die Kenntnis einer Tatsache, die den Lauf einer Frist anheben läßt. — v. Tuhr (§ 84, VII, S. 369) redet von „Stellvertretung“ auch, wo die Kenntnis nicht als Begleiterscheinung einer Willenserklärung auftritt.

[77]) Nicht jeder seelische Zustand und Vorgang jedes Organs, der die G. m. b. H. betrifft, steht in Zusammenhang mit ihrem rechtlichen Leben. Nur solche Zustände und Vorgänge sind zurechenbar, von denen man einen Einfluß auf das Innenleben der G. m. b. H. nach der Verkehrsauffassung unter Berücksichtigung von Treu und Glauben erwarten durfte. Man kann z. B. die Kenntnis eines weitab vom Sitz der G. m. b. H. wirkenden Geschäftsführers ihr erst dann zurechnen, wenn er seine Kenntnis ihr übermitteln konnte. RG 81, 435.

[78]) Oben Anm. 55 III—V.

[79]) Der seelische Vorgang, der zur Schaffung eines Urheberrechts führt, ist nicht hierher zu zählen, weil ein Urheberrecht nur in der Person des Urhebers selbst entstehen kann. (Vgl. aber § 3 LUG.) Ein Zurechnungsverhältnis, wie bei der Erfindung, ist nicht möglich. Oben Anm. 19.

[1]) § 35 Abs. 1.

[2]) Oben §§ 31—33.

Offene Handelsgesellschaften, Kommanditgesellschaften und stille Gesellschaften

von der Errichtung bis zur Auflösung

nebst Vertrags- und Anmeldeformularen und mit Berücksichtigung des Steuerrechts

Von

Dr. Arthur Starke

Rechtsanwalt und Notar in Berlin

Groß-Oktav. XIV, 167 Seiten. 1928. RM. 5.—

Das Buch stellt die Rechtsvorgänge, die die offene Handelsgesellschaft, die Kommandit- und die stille Gesellschaft betreffen, in systematisch geordneter Weise dar. Die Schicksale dieser Gesellschaften werden von ihrer Errichtung bis zur Auflösung mit dem Werdegang geschildert, den sie im praktischen Leben zu nehmen pflegen. Dadurch ist die Möglichkeit gegeben, daß auch der rechtlich weniger geschulte Leser sich einen Überblick und genügenden Einblick zu verschaffen in der Lage ist. Hierbei ist Wert darauf gelegt, vornehmlich die die Geschäftswelt bewegenden, immer wieder vorkommenden Rechtsverhältnisse und die auftauchenden Einzelfragen zu behandeln. Zugleich ist der Gesetzestext angeführt und mit kurzen Erläuterungen versehen.

Im Hinblick auf die Bedeutung, welche die steuerrechtliche Regelung auf die wirtschaftlichen Maßnahmen der Beteiligten ausübt, sind die einzelnen Fragen auch unter dem Gesichtspunkt des Steuerrechtes behandelt. Dabei wird die wichtigste Rechtsprechung der ordentlichen Gerichte und der Finanzgerichte angezogen. Um dem Leser schließlich weitere Anschaulichkeit und Anleitung für die Behandlung von Einzelfällen zu geben, sind dem Werk im Anhang zahlreiche Vertrags- und Anmeldeformulare beigegeben.

In dem vorliegenden Werk findet sich somit alles Material zusammengetragen, das für die rechtliche Beherrschung der erwähnten Vereinigungsformen des Handelsrechtes, die die ursprünglichsten und auch heute noch zahlreichsten Formen der wirtschaftsgesellschaftlichen Vereinigungen sind, von Bedeutung ist. Jeder, der sich mit diesem wichtigen Rechtsgebiet zu befassen hat, wird alles Wissenswerte aus dem vorliegenden Werk entnehmen können.

Der Eintritt eines Gesellschafters kann nur mit Zustimmung aller übrigen Gesellschafter stattfinden[1]). Doch können die Gesellschafter sich schon im voraus verpflichten, einen neuen Gesellschafter aufzunehmen. Hierbei kann bestimmten Gesellschaftern ein Wahlrecht eingeräumt werden. Doch ist eine rücksichtslose oder gar mißbräuchliche Ausnutzung dieses Vorrechtes unzulässig[2]).

Der Vertrag über den Eintritt eines Gesellschafters wird mit den einzelnen Gesellschaftern, nicht mit der Gesellschaft geschlossen. Eine unerlaubte Handlung bei Abschluß eines solchen Vertrages z. B. arglistige Täuschung eines Gesellschafters verpflichtet daher den betreffenden Gesellschafter, nicht die Gesellschaft[3]). Der vollzogene und in das Handelsregister zur Eintragung gelangte Eintritt ist daher für Dritte maßgeblich[4]).

Der Eintritt eines Gesellschafters muß zum Handelsregister angemeldet werden (§ 107 HGB.).

Besteuerung beim Eintritt eines Gesellschafters.

Der Eintritt eines Gesellschafters unterliegt gleich wie die Errichtung der Gesellschaft der Kapitalverkehrsteuer. Die Steuer beträgt auch hier 5 vom Tausend nach dem Wert der Einlage des Gesellschafters (§§ 17 d; 21 a KV.).

Die Personenveränderung, welche der Eintritt von Gesellschaftern ergibt, führt zu keiner Änderung der Eigentumsverhältnisse der Gesellschaft. Gehören daher der Gesellschaft Grundstücke, so liegt in dem Eintritt eines Gesellschafters keine Rechtsänderung, die einen Übergang des Eigentumes des Grundstückes bewirkt. Eine Besteuerung nach § 1 des Grunderwerbsteuergesetzes tritt daher nicht ein[5]).

b) Ausscheiden eines Gesellschafters.

Das Ausscheiden eines Gesellschafters kann zwischen den Gesellschaftern vereinbart werden. Es kann bereits im Gesellschaftsvertrage vorgesehen sein.

Das Ausscheiden braucht kein freiwilliges zu sein. Es kann auch im Wege des Ausschlusses erfolgen.

Das Ausscheiden eines Gesellschafters bewirkt die Aufhebung des für den Ausgeschiedenen bestehenden Gesellschaftsverhältnisses. Die Aufhebung wirkt nicht zurück. An dem Vergangenen wird daher nichts ge-

---

1) RG. 52 161.
2) RG. 92 163.
3) OLG. 44 197.
4) RG. 51 33; 76 439.
5) RFH. 12 76.

Das Reichsgesetz, betreffend die

Erwerbs- und Wirtschaftsgenossenschaften

Kommentar zum praktischen Gebrauch für Juristen und Genossenschaften

Bis zur dritten Auflage herausgegeben von
Ludolf Parisius und Dr. Hans Crüger

Elfte, neubearbeitete Auflage

von

Dr. Hans Crüger, Dr. Adolf Crecelius
und Kammergerichtsrat Fritz Citron

Groß-Oktav. XV, 598 Seiten. 1928
RM. 28.—, in Leinen geb. RM. 30.—

„Der bekannte Kommentar erfreut sich seit längerer Zeit höchsten Ansehens und maßgebendsten Einflusses in Wissenschaft und Praxis . . . Der Umstand, daß diese Auflage bereits jetzt notwendig geworden ist, während die letzte Auflage erst im Juli 1924 abgeschlossen war, ist der beste Beweis für das Ansehen und die Verbreitung des Werkes. Je schwieriger es für den Praktiker ist, alle neuesten Bestimmungen zusammenzufinden, welche auf einem bestimmten Rechtsgebiet ergangen sind, um so wichtiger ist der Besitz der neuesten Auflage eines Werkes; welche ihn dieser schwierigen Aufgabe enthebt." Juristische Wochenschrift.

„Der Kommentar darf sich mit Recht als ein Kommentar zum praktischen Gebrauch für Juristen und Genossenschaften bezeichnen. Denn seine sorgfältige und weitblickende Verwertung von Rechtsprechung und Schrifttum hat ihn anerkanntermaßen zu einem unentbehrlichen Berater der Praxis gemacht."
Dr. Koenige, Senatspräsident am Reichsgericht i. R., Berlin.

Anlage 7.

Genossenschaftsregister des Großherzoglichen Amtsgerichts Darmstadt I

Band I.

Nummer der Genossenschaft 4.

1.	2.	3.	4.	5.	6.	7.	8.	9.
Nummer der Eintragung	Firma und Sitz	Gegenstand des Unternehmens	Bei Genossensch. mit beschränkter Haftpflicht; Haftsumme; höchste Zahl der Geschäftsanteile	Vorstand; Liquidatoren	a) Statut; b) Form d. Bekanntmachungen; c) Zeitdauer; d) Geschäftsjahr; e) Form für die Willenserklärungen des Vorstandes u. d. Liquidatoren; f) Vertretungsbefugnis	Auflösung; Konkurs; Fortsetzung; Nichtigkeit	Aktennummer; Tag der Eintragung; Unterschrift des Gerichtsschreibers	Bemerkungen
1.	Vorschußverein, eingetragene Genossenschaft m. beschränkter Haftpflicht, Darmstadt	Betrieb v. Bankgeschäften zum Zwecke der Beschaffung d. im Gewerbe u. in der Wirtschaft der Mitglieder nötigen Geldmittel	300 RM. 10 Geschäftsanteile	Karl Schulz, Landwirt, Wilhelm Müller, Gastwirt, Friedrich Schmidt, Lehrer } Darmstadt	a) Statut vom 17. Juli 1900. b) Bekanntmachg. erfolgen unter der Firma in d. Darmstädt. Zeitung u. in den Hessisch. Volksblättern. e) Die Willenserkl. des Vorstandes erfolgen durch mindestens zwei Mitgl.; die Zeichnung geschieht, indem zwei Mitglieder der Firma ihre Namensunterschr. beifügen		Gn R. 1. 20. Juli 1900 N. N.	Das Statut befindet sich Nr. 2 der Registerakten
2.			Die Haftsumme ist auf 600 RM. erhöht durch Beschluß der Generalvers. vom 20. Dezember 1900				Gn R. 7. 27. Dezbr. 1900 N. N.	Der Generalversammlungsbeschluß befindet sich Nr. 6 d. Registerakten
3.				Friedrich Braun, Landwirt, Darmstadt	f) Der Bauer Karl Schulz ist aus dem Vorst. ausgetr. u. an seine Stelle der Landwirt Friedrich Braun in den Vorstand gewählt		Gn R. 8. 5. Januar 1901 N. N.	
4.			Der Generalvers.-Beschl. v. 20. Dez. 1900 ist d. rechtskr. Urteil d. Landger. in Darmstadt vom 15. Juli 1901 für nichtig erklärt; die Haftsumme betr. sonach nur 300 RM.				Gn R. 17. 1. August 1901 N. N.	
5.				Die bisherigen Vorstandsmitglieder sind Liquidatoren		Die Genossensch. ist durch Beschluß der Generalvers. v. 1. September 1901 aufgelöst	Gn R. 21. 3. Sept. 1901 N. N.	Der Beschl. befindet sich Bl. 15 d. Registerakten
6.				Friedrich Weiß, Schmiedemeister, Darmstadt, ist Liquidator	f) Der Gastwirt Wilhelm Müller ist durch Verfügung des Amtsger. Darmstadt I v. 10. Dez. 1901 abberufen und an seine Stelle der Schmiedemeister Friedrich Weiß zum Liquidator bestellt		Gn R. 25. 12. Dezbr. 1901 N. N.	

Die Zusammenhänge zwischen

Steuerrecht und Handelsrecht

und ihre Entwicklung

untersucht an dem Gewinn und an der Bewertung

Eine bilanzrechtliche und bilanzkritische Darstellung

mit praktischen Beispielen

Von

Dr. jur. Johannes Hein

Syndikus und Steuersachverständiger, Berlin

Groß-Oktav. X, 280 Seiten. 1928. RM. 10.—, in Leinen geb. RM. 12.—

Dieses Buch ist eine knapp gefaßte Gewinn- und Bewertungslehre nach steuerrechtlichen, bilanzrechtlichen sowie wirtschaftlichen Gesichtspunkten. Der Verfasser bietet mit ihm die erste kritisch-systematische Zusammenstellung der in unzähligen Zeitschriften, Aufsätzen und höchstinstanzlichen Entscheidungen verstreuten Beiträge zu diesem Problem in einer Form, die, aus der Praxis kommend, sich ganz deren Bedürfnissen anpaßt und auch an Hochschulen außerordentlich willkommenes Arbeitsmaterial sein wird.

Die besondere praktische Brauchbarkeit des Buches liegt darin, daß der Verfasser sich nicht damit begnügt, die steuerrechtlichen und handelsrechtlichen Bestimmungen in abstrakter Form und lediglich unter Heranziehung von Rechtsprechung und Schrifttum wiederzugeben. Vielmehr ist besonderer Wert darauf gelegt, durch Aufzeigung der gegenwärtigen und vor der Reform von 1925 bestehenden Zusammenhänge zwischen Steuerrecht und Handelsrecht sowie zwischen diesen beiden Rechtsgebieten und der Wirtschaft in anschaulicher, lebhafter Darstellung für Praxis und Studium einen wirklich brauchbaren Leitfaden zu schaffen. Von diesem Gesichtspunkte ist die gesamte einschlägige Rechtsprechung des Reichsgerichts, des Reichsfinanzhofs und des Preußischen Oberverwaltungsgerichts berücksichtigt und kritisch vergleichend ausgewertet.

Grundlegende Entscheidungen sind auszugsweise und nach maßgebenden Stichworten in Form von Leitsätzen angeführt. Die Brauchbarkeit des Buches wird noch dadurch gesteigert, daß alle wichtigeren Einzelfragen von Gewinn und Bewertung durch zahlreiche, gemeinverständliche, praktische Beispiele und an Hand der sämtlichen Bilanzkonten besprochen und erläutert werden. Ein sorgfältig ausgearbeitetes und sehr in die Einzelheiten gehendes Sachregister wird, zumal dem Laien, die Einarbeitung in die schwierige und viel umstrittene Materie wesentlich erleichtern.

A. Grundlegung.

§ 1. Einleitung. Die Fragestellung.

Das Gewinnproblem und die Bewertung auf knapp gefaßter theoretischer Grundlage einer Erörterung zu unterziehen, den gegenwärtigen Stand der hiermit zusammenhängenden Probleme an der Hand des neuesten Schrifttums und der Rechtsprechung kurz zusammenfassend darzulegen und die Ergebnisse dieser Prüfung in praktisch brauchbarer Weise bei den einzelnen Konten der Bilanz für die Bedürfnisse der Praxis zugleich referierend und kritisch auszuwerten, mag auf den ersten Blick ein kühnes Unterfangen sein. Weiß doch der Kenner der Gewinn- und Bewertungslehre, daß gerade auf diesen Gebieten Theorien und Anschauungen in geradezu verwirrender Fülle vorhanden sind, ohne daß bei der außerordentlichen Schwierigkeit sowie der großen praktischen Bedeutung der Fragen eine von allen Beteiligten endgültig angenommene Lösung oder auch nur Klärung erfolgt wäre. Wenn gleichwohl in den nachstehenden Ausführungen der Versuch gemacht wird, das Gewinn- und Bewertungsproblem an Hand der einzelnen Bilanzkonten in einer den Interessen der Praxis entsprechenden Weise gewissermaßen auf eine kurze Formel zu bringen, so geschieht dies, weil es bisher an einer kurz zusammenfassenden und klar orientierenden Darstellung von Gewinn und Bewertung gefehlt hat. Die Bedeutung des Gewinn- und Bewertungsproblems ist nicht etwa verkannt worden; das Gegenteil ist der Fall. In einer selbst für den Fachmann nicht mehr zu übersehenden Menge von Einzeldarstellungen, in Kommentaren, Handausgaben und Monographien waren Kenner der Materie bemüht, Klarheit in die vielfältigen und schwierigen Fragen zu bringen. Die ohnehin schon vorhandenen Schwierigkeiten sind weiter dadurch geradezu ins Ungemessene gestiegen, daß die Lehre von der Bewertung und damit auch von dem Gewinn von den verschiedensten Gesichtspunkten aus dargestellt wurde. Nicht nur der Betriebswirt und der Kaufmann, sondern auch der Jurist und der Steuerfachmann waren gleichzeitig nebeneinander damit beschäftigt, in systematischer Gliederung und nach den Regeln wissenschaftlicher Methodik Klarheit oder doch mindestens Übersicht zu gewinnen. Daß das Gegenteil des Gewollten erreicht ist,

Preußisches
Stempelsteuergesetz

mit den gesamten Ausführungsbestimmungen

Unter besonderer Berücksichtigung
der Entscheidungen der Verwaltungsbehörden und der Gerichte

herausgegeben von

Geheimen Regierungsrat P. Loeck

Zehnte, neubearbeitete Auflage

von

Dr. K. Eiffler

Ministerialrat im Preußischen Finanzministerium

Oktav. 476 Seiten. 1928. In Leinen geb. RM. 13.—

Die neuen Verhältnisse haben eine vollständige Umarbeitung dieser bewährten Ausgabe des Preußischen Stempelsteuergesetzes notwendig gemacht. So hat die neue Auflage das Schwergewicht auf möglichst restlose Erfassung aller in das Gebiet der Stempelsteuer fallenden neueren und neuesten Gerichts- und Verwaltungsentscheidungen gelegt.

Das „Finanz-Ministerialblatt" schreibt über diese Ausgabe anläßlich der letzten Auflage: „Die zahlreichen Auflagen zeugen für die Güte und praktische Brauchbarkeit des Buches."

„Die zahlreichen Auflagen zeugen für die praktische Brauchbarkeit des Buches."
Ministerialblatt für die preußische innere Verwaltung.

„Einer Empfehlung bedarf das Buch nicht, weil es durch seinen reichen, sehr klar gegliederten Inhalt für sich selbst spricht." Zeitschrift des Deutschen Notarvereins.

3. Entgegenstehende Bestimmungen über die Wertgrenze s. bei T. 10: Miet- und Pachtverträge, 18 (3) Befr. b: Dienst- und Arbeitsverträge.

4. a) Buchstabe b findet auch Anwendung, wenn die Urkunden dem Zwecke dienen, festzustellen, daß eine Abgabe nicht zu entrichten ist. FM. 21. 4. 1910 III 8061.

b) Zu den Leistungen an den Reichsfiskus sind nicht die Leistungen an die deutsche Reichsbahngesellschaft (vgl. Reichsbahngesetz vom 30. 8. 1924, RGBl. II 1924 S. 272) zu rechnen. Daher sind Bürgschaften für Frachtstundungen durch die Gesellschaft stempelpflichtig. FM. 4. 6. 1925 II C 1441. Vgl. A. 5 zu § 5.

c) In Bezug auf ein zur Sicherung von Zollkrediten ausgestelltes Schuldversprechen hat das RG. folgende Entscheidung getroffen. Aus der Urkunde braucht sich nicht ausdrücklich zu ergeben, daß die in ihr versprochene Leistung auf Grund allgemeiner Vorschriften als Leistung an den Reichsfiskus beurkundet werden mußte und daß die Urkunde allein diesem Zwecke dient. Es genügt, wenn sich aus den allgemeinen Vorschriften der Finanzverwaltung ergibt, daß die Urkunde aufgenommen oder beigebracht werden mußte und daß sie nur diesem Zwecke dient. Wenn es sich ferner um eine Befreiungsvorschrift handelt, die — wie die Vorschrift in § 4 Abs. 1b — im öffentlichen Interesse gegeben ist, so genügt es, wie das Reichsgericht bereits wiederholt ausgesprochen hat, daß sich ihre Erfordernisse objektiv feststellen lassen, mag sich auch ihr Vorhandensein nicht unmittelbar aus der Urkunde, sondern nur aus tatsächlichen Umständen ergeben (vgl. A. 4 zu § 3). Es ist nicht erforderlich, daß die Urkunde nur im öffentlichen Interesse ausgestellt ist, es genügt, wenn sie auch im öffentlichen Interesse ausgestellt ist; RG. 28. 10. 1924, JW. 25 S. 257. — Auf einen Verpfändungs- und Abtretungsvertrag, durch den jemand dem deutschen Reiche Sicherheit für von ihm geschuldete und ihm gestundete Steuerbeträge bestellt, ist die Befreiungsvorschrift anzuwenden. Die Aufnahme einer derartigen Urkunde macht eine allgemeine Vorschrift im Sinne des § 4 Abs. 1b, nämlich der § 105 RAO., notwendig, wobei es gleichgültig ist, ob es sich um Steueraufschub oder Steuerstundung handelt. RG. 1. 6. 1926, Bd. 114 S. 39, FMBl. S. 268; FM. 6. 9. 1926 II C 7572.

d) Wenn ein Finanzamt neben den Vollstreckungsbeamten auch vereidete Auktionatoren mit der Zwangsversteigerung von beweglichen, für Reichssteuern gepfändeten Gegenständen beauftragt, bestehen keine Bedenken dagegen, daß diese Auktionen (T. 3) stempelfrei bleiben. FM. 10. 9. 1926 II C 9313. Vgl. A. 7 zu T. 3.

e) Die Befreiungsvorschrift ist nicht anwendbar, wenn Forstbeamte über die ihnen vom Staate gewährten wirtschaftlichen Beihilfen Schuldurkunden ausstellen. FM. 17. 3. 1927 II C 2796. Die Vorschrift gilt allgemein nicht für Urkunden, bei denen es sich um privatrechtliche Leistungen an den Fiskus handelt. HSp. S. 59.

5. Aus den Urkunden muß sich jedoch ergeben, daß sie auf Ersuchen der Auseinandersetzungsbehörde ausgestellt sind. HSp. S. 63.

6. Die Vorschriften zu c und d haben nicht mehr die Bedeutung wie früher, seitdem Grundstücksveräußerungen mit der Einführung der Grunderwerbsteuer einem Landesstempel nicht mehr unterworfen werden dürfen.

7. a) Die Befreiung unter d ist davon abhängig, daß das Enteignungsrecht entweder gesetzlich ein für allemal gewährt, wie bei Abtretungen

Urheber- und Erfinder-, Warenzeichen- und Wettbewerbsrecht

(Gewerblicher Rechtsschutz)

von

Dr. jur. Alexander Elster

Berlin

Zweite, stark erweiterte und völlig umgearbeitete Auflage

Oktav. XII, 611 Seiten. 1928. RM. 18.—, in Leinen geb. RM. 19.50

„Man merkt aus jedem Satz, welch reicher Schatz eigener praktischer Erfahrungen dem Verfasser zu Gebote steht."

Prof. Dr. M. Wassermann in „Markenschutz und Wettbewerb".

„Im Rahmen der Grundrisse der Rechtswissenschaft legt Elster eine Darstellung des gewerblichen Rechtsschutzes vor, die sich den bisher erschienenen Bänden des Gesamtwerkes würdig anreiht. Der Hauptwert des Buches liegt in den mannigfachen Anregungen, die dem Verfasser aus der langjährigen praktischen Beschäftigung mit den Dingen zugeflossen sind. Das Buch gibt ein gutes Orientierungsmittel in die Hand, in dem auch glücklicherweise die nötigen Hinweise auf die Literatur nicht fehlen, und zwar auch nicht die Hinweisung auf einzelne Aufsätze und auf die Judikatur. Daneben aber geht es über diesen Rahmen hinaus und dient auch der Erweiterung der wissenschaftlichen Erkenntnis. Daß hier ein im Verlage erfahrener und tätiger Mann spricht, nimmt den Darlegungen nicht die Objektivität, erhöht vielmehr ihren Wert. So ist das Buch als Bereicherung der Literatur des Urheber- und Erfinderrechts zu begrüßen."

Geh. Justizrat Prof. Dr. Ernst Heymann in der „Juristischen Wochenschrift".

„Eine anregende, selbständige, ernste Arbeit, der im Interesse der Vertiefung unseres Rechtslebens weite Verbreitung zu wünschen ist."

Justizrat Dr. L. Wertheimer in der „Deutschen Wirtschafts-Zeitung".

„Ein kluger und klarer Kopf meistert hier den oft spröden Stoff. Hier ist lebendiger Geist, dem leichtes Verständnis folgt."

Ingenieur-Zeitung.

Jeder Urheberschutz verlangt ein bestimmtes, konkretes Objekt, der Wettbewerbsschutz hat es hingegen sehr oft mit unbestimmten, imaginären Größen zu tun! Diese grundsätzliche Eigenart ist auch für den Titelschutz von Bedeutung.

Die urheberrechtlichen Sätze sind aber, obwohl sie hier in nahe Berührung mit Sätzen des unlauteren Wettbewerbs kommen, klar von ihnen zu trennen. Wenn beispielsweise gemäß § 16 UWG. ein Berechtigter befugt wäre, gegen den gleichen oder verwechslungsfähigen Titel, dessen sich ein Anderer bedient, vorzugehen, so hat dies seine Grenze an der wahrhaftigen Benutzung eines rechtlich richtigen, d. h. rechtlich begründeten Titels. Das ist die Kernfrage in dem vom RG. entschiedenen Fall „Brehms Tierleben" (GRUR. 1926, S. 118). Dort war der Urbrehm von Reclam mit dem Titel Brehms Tierleben neu herausgegeben, als Brehms erste Fassung des Werkes frei geworden war, während das Werk „Brehms Tierleben" in Neubearbeitungen vom Bibliographischen Institut noch weiter herausgegeben wurde. Das RG. gab im Gegensatz zum OLG. Dresden dem „Nachdrucker" des Urbrehm für seine Benutzung des Titels „Brehms Tierleben" recht. Denn die bloße Benutzung des Titels eines freigewordenen Werkes für dieses Werk kann an sich niemals den Tatbestand des unlauteren Wettbewerbs darstellen; es müßte vielmehr noch irgendein besonderes Moment der Unlauterkeit hinzukommen, wie dies in dem RG.-Urteil ausdrücklich betont wird. Gegen unlautere, unwahrhaftige Konkurrenz könnte sich der Verleger der fortgeführten Originalausgaben wenden und sich mit Fug auf § 16 UWG. berufen; aber nicht gegen die Verwendung des Titels für das freigewordene Werk, dem der Titel zukommt, ja dem den Titel wegzunehmen der Wahrheit widersprechen würde.

Der persönlichkeitsrechtliche Kern des gewerblichen Rechtsschutzes. § 5.

I. Die Rechtstatsachen.

Im Gegensatz zu anderen Arbeiten, die, wenn auch mit Fleiß, Mühe und Intellekt, doch nicht grundsätzlich mit eigenschöpferischer Erstmaligkeit getan werden müssen, stehen die Arbeiten, denen ein gewerblicher Rechtsschutz zukommt: Werke, die mit der sie schaffenden Persönlichkeit in engerem Zusammenhange stehen, mag auch der wirtschaftliche Lebensweg des Geschaffenen sich durch Übertragung, Lizenzen oder dgl. von der Person entfernen.

Patentgesetz

Nebst Ausführungsbestimmungen, völkerrechtlichen Verträgen und Patentanwaltsgesetz,

unter eingehender Berücksichtigung der Rechtsprechung des Reichsgerichts und der Praxis des Reichspatentamts

Von

R. Lutter

Geh. Regierungsrat, Direktor im Reichspatentamt

Neunte Auflage

Taschenformat. XV, 467 Seiten. 1928. In Leinen geb. RM. 10.—

„Der Kommentar wird in seiner Knappheit und Sparsamkeit dem ursprünglichen Zweck gerecht, überragt aber an wissenschaftlicher Durcharbeitung und Gründlichkeit die vorangegangenen Auflagen weit. Die jetzt vorliegende Auflage zeichnet sich durch Reichhaltigkeit, Genauigkeit und Klarheit aus. Besonders wertvoll ist, daß der Verfasser, wenn auch nicht den amtlichen Standpunkt, doch die aus der Praxis des Patentamts gewonnenen Auffassungen darlegt, so daß er die anderen Kommentare in ausgezeichneter Weise ergänzt." Gewerblicher Rechtsschutz und Urheberrecht.

„Der Leser findet in dem Buche einen vortrefflichen und zuverlässigen Führer, der namentlich auch über die Praxis des Patentamts Auskunft gibt. Der Stoff ist lückenlos vorhanden und das Büchlein für jeden Praktiker wertvoll."

Justizrat M. Seligsohn, Berlin, in der „Zeitschrift für Handelsrecht".

zwei Wochen, die mit der Zustellung des Beschlusses beginnt einzulegen, § 577 ZPO.

Die Regeln über Ausschließung und Ablehnung der richterlichen Beamten finden auf den gemäß § 30 Abs. 1 zugezogenen Protokollführer entsprechende Anwendung.

5. Sachverständige. Von der Bestimmung des § 14 Abs. 6 ist wenig Gebrauch gemacht worden, da regelmäßig die Sachkunde der zur Entscheidung des Einzelfalles berufenen technischen Mitglieder des RPA. ausreicht. [Vgl. für das Berufungsverfahren vor dem Reichsgericht § 9 Verord. v. 6. XII. 91 (s. II, 2)]. Als Sachverständige können auch Mitglieder des RPA. zugezogen werden. Die nach § 14 Abs. 6 zugezogenen Sachverständigen unterstützen die technischen Kenntnisse der Richter, ihre Angaben sind nicht, wie bei §§ 25, 30 Beweismittel. Der Ausschließung oder Ablehnung (§ 14 Abs. 5) unterliegen sie nicht, ebensowenig finden die Grundsätze der Prozeßgesetze über Sachverständige (§ 25 PG.) auf sie entsprechende Anwendung.

Anhang zu § 14.

Gesetz über Änderungen im patentamtlichen Verfahren vom 1. Februar 1926 (RGBl. II S. 127, Blatt 1926 S. 42):

Artikel II. In dem Patentamt wird ein Großer Senat gebildet, der aus dem Präsidenten oder seinem Vertreter, drei rechtskundigen und drei technischen Mitgliedern besteht. Für Fragen, die lediglich das Warenzeichenwesen betreffen, kann der Große Senat ausschließlich aus rechtskundigen Mitgliedern bestehen.

Will in einer grundsätzlichen Frage eine Beschwerdeabteilung von der Entscheidung einer anderen Beschwerdeabteilung oder des Großen Senats ab-

Kommentar

zur

Konkursordnung

und den Einführungsgesetzen

mit einem Anhang, enthaltend das Anfechtungsgesetz, die Vergleichsordnung, Auszüge aus den Kostengesetzen, Ausführungsgesetze und Geschäftsordnungen

Von

Dr. Ernst Jaeger

Professor der Rechte zu Leipzig

Sechste und siebente, neubearbeitete Auflage.

Groß-Oktav. Umfang des Gesamtwerkes etwa 100 Bogen. Gesamtpreis etwa RM. 80.—. Lfg. I, enthaltend §§ 1—16, 296 Seiten 1928. RM. 16.—

„Vom Erscheinen der ersten Auflage an galt das Werk **ohne Widerspruch** als **der beste Kommentar zur Konkursordnung.** Unzweifelhaft mit Recht! Die Autorität, die das Werk in allen Kreisen genießt, ist voll verdient. Und ohne Übertreibung darf behauptet werden, daß überhaupt auf keinem andern Rechtsgebiete ein einzelner Kommentar eine derartig überragende Bedeutung wie der Jaegersche im Bereiche des Konkursrechtes hat. **Jaeger ist heute der Kommentar der deutschen Konkursordnung** . . . Ich hebe nur die vorbildliche Klarheit der Darstellung, die nicht zu übertreffende Vollständigkeit in der Stoffsammlung und die ständige Fühlung mit der Praxis hervor." Juristische Wochenschrift.

„. . . großzügige Anlage und doch bis ins kleinste sorgfältige Ausarbeitung." Zeitschrift für Strafrechtswissenschaft.

„Die Vorzüge des für Wissenschaft und Rechtsprechung gleich bedeutsamen, als mustergültig anerkannten Werkes sind genügend bekannt, auch für Fragen aus vielen anderen Rechtsgebieten, besonders aus allen Teilen des BGB, aus dem Handelsrecht und dem Zivilprozeßrecht von hervorragender wissenschaftlicher Bedeutung."

RG.-Senatspräsident Dr. Strecker im „Literarischen Zentralblatt".

die nach Konkurseröffnung angefallenen Erbschaften und Vermächtnisse werden zufolge a. 443 c. com. für die Masse erworben [siehe § 1 Anm. 73]. Die österreichische KO. v. 1914 bestimmt im § 4: „Der Masseverwalter kann an Stelle des Gemeinschuldners Erbschaften mit dem Vorbehalte des Inventars antreten. Tritt er eine Erbschaft nicht an oder lehnt er ein Vermächtnis oder die Annahme einer unentgeltlichen Zuwendung unter Lebenden ab, so scheidet das Recht aus der Konkursmasse aus.“ Die Ausschlagung des Verwalters wirkt sonach als bloße Freigabe (Bartsch-Pollak KO.[2] § 4 Anm. 9). Im § 36 KO. (§ 7 AnfO.) wird die Unterlassung der Antretung einer Erbschaft ausdrücklich als Vermögensentäußerung im anfechtungsrechtlichen Sinne bezeichnet. Vgl. auch § 98 KO. Im § 28 Nr. 1 der ungarischen KO. werden Erbschafts- und Vermächtnis-Ausschlagungen mit den Schenkungen auf eine Stufe gestellt; der Masseverwalter kann Erbschaften und Vermächtnisse namens des Gemeinschuldners zugunsten der Masse annehmen, eine Erberklärung aber nur unter der Rechtswohltat des Inventars abgeben (§§ 4, 117); zur Ausschlagung bedarf er einer Ermächtigung des Konkursgerichts und nach dem Liquidationstermine des Konkursausschusses (§ 160 mit § 110). Auch in Holland (a. 41) kann der Kurator eine dem Konkursschuldner angefallene Erbschaft antreten, aber gleichfalls nur sub beneficio inventarii und mit gerichtlicher Ermächtigung. Eine ausdrückliche Vorschrift enthält ferner z. B. die dänische KO. im § 3, demzufolge eine während des Konkurses angefallene Erbschaft von der Masse angetreten werden kann, „jedoch mit der Maßgabe, daß Schuldenverantwortung nicht übernommen wird“; Vermächtnisse, die nach Konkurseröffnung anfallen, gehören — vorbehaltlich einer entgegengesetzten Verfügung des Erblassers — zur Masse. Für die Schweiz wird die Zugehörigkeit angefallener Erbschaften zur Masse ebenfalls anerkannt (Jaeger a. 197 unter 1 B). Gegenüber einer Ausschlagung zum Schaden der Gläubiger sieht das schweiz. ZGB. im a. 578 eine besonders geartete, kurzfristige Anfechtung vor, die zu einer amtlichen Nachlaßauseinandersetzung und Zuteilung des dem Erben gebührenden Reinanteils an seine Masse führt, also die Schwierigkeiten, die der paulianischen Anfechtung entgegenstehen [Anm. 11], vermeiden soll (Jaeger a. 288 unter 3 Bb, Hitzig Vorträge über den Entw. e. ZGB. Heft 1 S. 41 f.). In Portugal können die Gläubiger des Erben sich im Falle seiner Ausschlagung gerichtlich zur Annahme ermächtigen lassen (a. 2040, 2242 BGB., Borchardt-Kohler S. 164 N. 1). Ebenso südamerikanische Rechte, z. B. Argentinien (a. 1453). § 9.

§ 10.

Rechtsstreitigkeiten über das zur Konkursmasse gehörige Vermögen, welche zur Zeit der Eröffnung des Verfahrens für den Gemeinschuldner anhängig sind, können in der Lage, in welcher sie sich befinden, von dem Konkursverwalter aufgenommen werden. Wird die Aufnahme verzögert, so kommen die Bestimmungen des § 239 der Zivilprozeßordnung zur entsprechenden Anwendung.

Lehnt der Verwalter die Aufnahme des Rechtsstreits ab, so kann sowohl der Gemeinschuldner als der Gegner denselben aufnehmen.

Unveränderter § 8 alter Folge.

Materialien: Motive I Bd. 1 S. 55 ff., Motive II S. 41 ff.; Protokolle S. 11, 97, 148.

Literatur: W. Voigt, Einfluß des Konkurses auf die schwebenden Prozesse des Gemeinschuldners (1903), E. v. Schrutka-Rechtenstamm GrünhutsZ. 41 (1915) S. 565 ff. (auf der Grundlage des österreichischen Rechts).

A. Die Prozeßunterbrechung im allgemeinen.

I. Grundgedanke.

Trotz der Konkurseröffnung bleibt der Schuldner Träger der zur Masse gehörenden Rechte und der aus der Masse zu erfüllenden Verbindlichkeiten. Trotz der Konkurseröffnung bleibt er auch, wenn für oder wider ihn ein Rechtsstreit anhängig ist, Träger der Parteirolle, aktiv oder passiv zur Sache legitimiert [§ 6 Anm. 31]. Auch entzieht ihm der Konkurs als solcher die Prozeßfähigkeit weder im allgemeinen noch teilweise [§ 6 Anm. 30]. Der Einfluß der Konkurseröffnung auf schwebende Rechtsstreitigkeiten des Schuldners besteht nach § 240 ZPO. darin, daß jedes die Konkursmasse betreffende Verfahren **unterbrochen** wird. Diese Anm. 1.

Preußisches Gerichtskostengesetz

(neueste Fassung)

Nach dem Tode des früheren Herausgebers Kammergerichtsrat

Dr. P. Siméon

erläutert von Geh. Oberjustizrat

Otto Lindemann

Ministerialdirektor im Preußischen Justizministerium

Achte, völlig umgearbeitete Auflage

Taschenformat. 439 Seiten. 1928. In Leinen geb. RM. 8.—

Die vorliegende, nunmehr achte Auflage dieser bekannten Ausgabe des Preußischen Gerichtskostengesetzes ist entsprechend den bedeutsamen Änderungen der letzten Jahre völlig umgearbeitet. Die gesamte Rechtsprechung wurde eingehend berücksichtigt, so daß hier eine Erläuterung vorliegt, die Zuverlässigkeit und Vollständigkeit in sich verbindet.

Außer dem Preußischen Gerichtskostengesetz enthält diese Sammlung folgende Gebührenordnungen: 1. Kostenmarkanordnungen. 2. Handelsregistergebühren. 3. Standesregistergebühren. 4. Rechnungsgebühren. 5. Gerichtliche Landesstempelsachen. 6. Rechtshilfekosten. 7. Gebühren der beeidigten Auktionatoren. 8. Verwaltungsgebühren. 9. Gebühren für Auflösung von Familiengütern. 10. Kosten in Angelegenheiten der Kapitalkreditbeschaffung für landwirtschaftliche Pächter. 11. Kosten der Aufwertungsstellen. 12. Kosten der Spruchstellen. 13. Kosten des Verwaltungszwangsverfahrens. 14. Gebührentabellen.

Vertragsgenehmigung KG. 18. 4. 07, Rsp. **17**, 260. Bei der Pflegschaft zur Auseinandersetzung des Witwers mit seinen minderjährigen Kindern ist der Gegenstandswert gleich dem Anteile der Kinder an dem mütterlichen Nachlaß ohne Abzug der Schulden KG. 12. 10. 03, Rsp. **10**, 292 Anm.

2. Beistandschaften fallen unter § 89, wenn die Mutter die elterliche Gewalt ausübt und der Beistand nur für ein einzelnes Geschäft bestellt wird BGB. § 1688.

3. Weitere Gebühren für einzelne gerichtliche Anordnungen des Familienrechts sind im § 92 enthalten; diese kommen (anders als die Gebühren des § 89) auch neben den Vormundschaftsgebühren usw. zum Ansatz.

4. Die Gebühren des § 89 und des § 90 schließen einander derart aus, daß nur die eine oder die andere erhoben werden kann (Begr. 111).

Zahlungspflichtig ist das Kind, dessen Interesse wahrgenommen wird: § 1, so auch bei Verkehrsstreitigkeiten (BGB. § 1636), da der Verkehr mit dem nicht sorgeberechtigten Elternteil im Interesse des Kindes zu regeln ist KG. 5. 5. 11, DJZ. **1911**, 1051. Lehnt das Gericht ein angeregtes Einschreiten ab, fallen die entstandenen baren Auslagen dem Kinde zur Last, ein anderer Schuldner ist nicht vorhanden § 92 A. 3. Die Kosten dürfen nicht etwa dem Dritten auferlegt werden, der das im öffentlichen Interesse liegende Einschreiten des Vormundschaftsgerichts angeregt hatte (§ 1 A. 1), vgl. KG. 19. 12. 04, KGJ. **29**, B 7.

Vormundschaft, Pflegschaft, Beistandschaft.

§ 90. (1) Bei anderen Pflegschaften oder Beistandschaften und bei Vormundschaften sind von dem Vermögen des Mündels, Pflegebefohlenen oder unter elterlicher Gewalt stehenden Kindes, auf welches sich die Vormundschaft, Pflegschaft oder Beistandschaft erstreckt, von je 500 Reichsmark eine Reichsmark zu

Deutsches Reichsstrafprozeßrecht

mit Einschluß des Strafgerichtsverfassungsrechts

Von

Dr. Ernst Beling

Professor in München

Oktav. XIV, 568 Seiten. 1928. Geheftet RM. 15.—, gebunden RM. 16.50

Die Eigenart des vorliegenden Lehrbuches des Reichsstrafprozeßrechts ist, daß es dem Verständnis der Gesetzestexte vorarbeiten und zu ihnen hinführen will. Gerade das, was nicht im Gesetz steht, ist die Hauptsache; die Gesetzesparagraphen sind Ziel, nicht Ausgangspunkt. Insbesondere aber stellt der Verfasser die Regelungsinhalte des geltenden Rechts in die heutige rechtspolitische Gedankenwelt hinein und gibt ein auch äußerlich scharf hervortretendes System, das den Lernenden befähigt, die Fülle der Einzelheiten unter allgemeinen Ordnungsgesichtspunkten zusammenzusetzen.

Inhaltsverzeichnis (gekürzt):

straffe Disziplin in zivilistischen Verhältnissen weitaus unvordringlicher als beim Militär. Vollends einer Justizbehörde würde es schlecht anstehen, wenn von ihr „Kadavergehorsam“ verlangt würde.

III. Ihre Entschließung darüber, ob sie Klage erheben und weiterhin die Strafverfolgung betreiben soll, hat die Staatsanwaltschaft lediglich danach einzurichten, ob die erforderlichen tatsächlichen Unterlagen materiellrechtlicher und prozeßrechtlicher Natur gegeben sind; wenn ja, so ist sie zum Vorgehen beruflich verpflichtet, sog. Legalitätsprinzip, Grundsatz des Verfolgungszwangs, § 152 II.

Diese Regelung gründet in der Erwägung, daß das materielle Strafrecht die Grenzfälle zwischen Strafbarkeit und Straflosigkeit derart abgesteckt hat, daß da, wo danach Strafe verwirkt ist, höchstens ein gnadenweiser Verzicht auf den Strafanspruch stattfinden soll; daß die Staatsanwaltschaft, könnte sie im Einzelfalle die Strafverfolgung nach Ermessen auf sich beruhen lassen — „Opportunitätsprinzip“ —, tatsächlich eine Art Begnadigungstätigkeit ausüben würde; und daß die damit unausweichlich verbundene Bevorzugung gewisser Einzelfälle vor anderen zu subjektiv-parteiischer (z. B. parteipolitischer) Handhabung des Ermessens oder zumindest zu Mißdeutungen führen kann. Die Legalitätsmaxime liegt auch ganz in der Richtlinie des „Offizialprinzips“ (oben § 9 S. 32) mit seiner Devise „Ne delicta maneant impunita“.

Gleichwohl kannte die StPO. schon in ihrer Fassung von 1877 einige Gruppen von Fällen, in denen der Staatsanwaltschaft freigegeben war, von Verfolgung Abstand zu nehmen. Erheblich weiter noch geht die Reform von 1924 in der Durchbrechung des Legalitätsprinzips (wobei der Satz „Minima non curat praetor“ eine nicht unbedenkliche Rolle gespielt hat), und zwar so, daß es jetzt auch Fälle gibt, in denen der Staatsanwaltschaft trotz Gegebenseins aller Strafbarkeits- und Verfolgungsbedingungen sogar gesetzlich untersagt ist, Anklage zu erheben. Eine weitere Neuerung von 1924 ist die, daß in einem Teil der Fälle der Staatsanwalt der Zustimmung des Richters zum Fallenlassen der Angelegenheit bedarf, also eine Art Vertrag zwischen Klagbehörde und Gericht erforderlich ist.

Im einzelnen gilt heute folgendes:

1. Verboten ist das Einschreiten bei „Übertretungen“, wenn die Schuld des Täters gering ist und die Folgen der Tat unbedeutend sind[1]), außer wenn ein öffentliches Interesse an der Herbeiführung einer gerichtlichen Entscheidung besteht, § 153 I.

Italienischer Vorentwurf

zu einem

neuen Strafgesetzbuch

(Progetto di un nuovo codice penale)

In deutscher Übersetzung

von

Dr. K. Bunge

Landgerichtsrat in Berlin

Oktav. XXXII, 224 Seiten. 1928. RM 10.—

Die vorliegende Übersetzung des italienischen Vorentwurfs zu einem neuen Strafgesetzbuch bietet einen wichtigen Beitrag zu der in vielen Ländern und auch in Deutschland geplanten Neugestaltung des Strafrechts und ist deshalb auch für deutsche Strafrechtskreise von großem Interesse.

Zweiter Titel.

Die Strafen.

Kapitel I.

Die Hauptstrafen.

Art. 16.

(Unterscheidung zwischen Haupt- und Nebenstrafen.)

Die Strafen scheiden sich in Haupt- und Nebenstrafen. Hauptstrafen sind diejenigen, die vom Richter durch Strafurteil auferlegt werden; Nebenstrafen diejenigen, welche von Rechtswegen der Verurteilung, als Strafwirkungen derselben, folgen.

Art. 17.

(Hauptstrafen: Arten.)

Die für Verbrechen bestimmten Hauptstrafen sind.

1. Tod;
2. Dauerzuchthaus;
3. Gefängnis;
4. Geldstrafe.

Die für Übertretungen bestimmten Hauptstrafen sind:

1. Haft;
2. Geldbuße.

Art. 18.

(Benennung und Einreihung.)

Unter der Bezeichnung Freiheitsstrafen oder die persönliche Freiheit beschränkende Strafen begreift das Gesetz: Dauerzuchthaus, Gefängnis und Haft.

Unter der Bezeichnung Vermögensstrafen begreift das Gesetz: Geldstrafe und Geldbuße.

Art. 19.

(Todesstrafe.)

Die Todesstrafe wird durch Erschießung im Innern einer Strafanstalt oder an einem andern vom Richter bestimmten Orte vollstreckt.

Die Vollstreckung ist nicht öffentlich, vorbehaltlich einer abweichenden Anordnung des Richters im Urteil.

Art. 20.

(Dauerzuchthaus.)

Die Strafe des Dauerzuchthauses ist lebenslänglich und wird in einer dazu bestimmten Anstalt verbüßt, mit Abschließung bei Nacht und Verpflichtung zur Arbeit.

Gewerbeordnung

für das Deutsche Reich

nebst

Kinderschutzgesetz und Hausarbeitsgesetz sowie den für das Reich und Preußen erlassenen Ausführungsbestimmungen

bearbeitet von

Dr. Friedrich Hiller und **Dr. Hermann Luppe**
Stadtrat — Oberbürgermeister

Einundzwanzigste veränderte Auflage.
(143. bis 148. Tausend.) Taschenformat. 931 Seiten.
1928. In Leinen gebunden RM. 11.—

„Die vorliegende Ausgabe bietet ein hervorragendes, kaum entbehrliches Hilfsmittel. Sie bringt einen zuverlässigen Text der Gewerbeordnung und der dazu gehörenden Ausführungsgesetze, Ausführungsverordnungen und Verwaltungsvorschriften für das Reich und Preußen, ferner der im Zusammenhang mit dem Gewerberecht stehenden selbständigen Gesetze und Verordnungen. Sie bietet aber nicht nur den Text, sondern zur Gewerbeordnung reichhaltige, wenn auch knapp gefaßte Anmerkungen, die auch Rechtsprechung und Schriften ausgiebig berücksichtigen. Es ist erstaunlich, welche Fülle von Stoff in engem Raum zusammengedrängt ist. Das Buch macht dadurch für den Handgebrauch die ausführlicheren Kommentare in den meisten Fällen entbehrlich. Wir glauben danach dieses immer noch handliche Buch allen, die es angeht, und das sind sämtliche Gewerbetreibende und alle Juristen, warm empfehlen zu können."

Speditions- und Wirtschafts-Zeitung.

beamte, Werkmeister und ähnliche Angestellte) oder mit höheren technischen Dienstleistungen betraut sind (Maschinentechniker, Bautechniker, Chemiker, Zeichner und dergleichen), kann, wenn nicht etwas anderes verabredet ist, von jedem Teile mit Ablauf jedes Kalendervierteljahrs nach sechs Wochen vorher erklärter Aufkündigung aufgehoben werden.

Die in den §§ 133a bis 133f vorgesehene Regelung ist im einzelnen im Anschluß an die Bestimmungen der §§ 59ff. des HGB. über die Handlungsgehilfen erfolgt. Im übrigen finden auf die Werkmeister usw. §§ 105—120e (mit Ausnahme des § 119a) und die §§ 124b, 125 Anwendung (s. zu § 105 und §§ 133e, 133g), und, soweit diese nichts bestimmen, die §§ 611—630 BGB. über den Dienstvertrag.

Gegen feste Bezüge: Der Lohn muß sich als eine Pauschalvergütung und nicht als von der tatsächlichen Arbeitsleistung während bestimmter Arbeitstage oder -stunden abhängiges Entgelt darstellen. Er darf insbesondere also kein Stücklohn sein; Wochenlohn ist ein fester Bezug nur dann, wenn bei Feiertagen, Arbeitspausen usw. keine Abzüge und bei Überstunden keine besondere Bezahlung stattfindet. Der Bezug von Trinkgeldern, Prozenten usw. neben festen Bezügen steht der Anwendung des § 133a nicht entgegen, dagegen findet er auf nur aushilfsweise Beschäftigungen keine Anwendung. Für Betriebsbeamte ohne feste Bezüge gelten, im Falle keine andere Vereinbarung getroffen ist, die §§ 121ff.; auch für sie haben die Tarifverträge heute wesentliche Bedeutung.

Ähnliche Angestellte: Hierzu sind auch die Zuschneider in der Bekleidungs- und Konfektionsindustrie zu rechnen, GKG. **16** 251, ferner Faktoren, Oberkellner, Küchenchefs, Direktricen usw., soweit sie tatsächlich einen Teil des Betriebs selbständig leiten, GKG. **21** 67, **22** 132, GArch. **15** 360, **16** 303, **17** 543, **18** 124. Zu den „ähnlichen Angestellten" gehören dagegen regelmäßig Poliere nicht, GArch. **13** 676, **15** 661, GKG. **18** 130, ebensowenig diejenigen Oberkellner, Zuschneider, Zeichner ohne höhere Leistungen, Stuhlmeister usw., welche im wesentlichen die Stellung eines Vorarbeiters und keine selbständigen Leitungs- und Aufsichtsbefugnisse haben, GKG. **20** 218, **25** 182, GArch. **13** 140, **14** 156, 342, **15** 675, **18** 120, **19** 117.

Zu den Technikern gehören auch die Diplomingenieure, GKG. **11** 276; dagegen nicht Personen mit wissenschaftlicher (nicht technischer) oder künstlerischer Tätigkeit (Ärzte, Sänger, Redakteure usw.), vgl. zu § 105.

Sechs Wochen: Die Fristberechnung richtet sich nach § 187 BGB., über den Sonntag als letzten Tag der Frist vgl. GKG. **17** 93, 187ff., für

Wassergesetz

vom 7. April 1913

Mit Einleitung, Erläuterungen und Sachregister

Bearbeitet von

Georg Wulff und **Dr. Ferdinand Herold**

Zweite, umgearbeitete Auflage von Georg Wulff,
Rechtsanwalt und Notar in Dortmund

Taschenformat. XVI, 665 Seiten.
1928. In Leinen geb. RM. 12.—

„Das Preußische Wassergesetz ist in vorzüglicher Weise erläutert; die Anmerkungen zu den einzelnen Paragraphen sind mit Gründlichkeit und treffsicherer Kürze ausgearbeitet. Wir können das vorzügliche Werk allen Interessenten aufs wärmste empfehlen."

Dr. Senckpiehl in der „Speditions- u. Schiffahrts-Zeitung".

„Mit seiner Reichweite, Gründlichkeit und treffsicheren Kürze bildet dieser Kommentar ein Meisterstück."

Zeitschrift für Binnenschiffahrt.

1. **Fortleiten.** Die Genehmigung beschränkt sich lediglich auf das Recht zur Fortleitung des zutagegeförderten Wassers.

2. **Zum Gebrauch und Verbrauch.** Es fällt unter den § 204 also nicht auch die „Fortleitung vom gebrauchten Wasser zum Zwecke der Beseitigung" (Begr. 186). Aber auch die Fortleitung ungebrauchten Wassers, dessen sich der Grundstückseigentümer nur entledigen will, unterliegt nicht der polizeilichen Genehmigung (s. Anm. 10, 11, 12, zu § 200).

3. **Polizeiliche Genehmigung.** Zuständig ist die Ortspolizeibehörde.

4. D. h. an die nächstvorgesetzte Aufsichtsbehörde.

5. Im Falle der Verleihung werden bereits alle polizeilichen Rücksichten im Verleihungsverfahren von Amts wegen erschöpfend geprüft (§ 69 Abs. 1). Als Verleihung ist die Sicherstellung gleichzusetzen; ebenso Holtz-Kreutz und Lenhand-Reichau.

§ 205.

An Seen, die nicht zu den Wasserläufen gehören, steht, soweit das Eigentum an ihnen nicht anderweit geordnet ist, den Anliegern das Eigentum anteilig zu. Der § 8 Abs. 2, 3 und der § 13 Abs. 2 sind sinngemäß anzuwenden.

Ent. § 183; B. 186; KBA. 313 ff.

„Über das Eigentum an den nicht zu den Wasserläufen gehörenden Seen ist eine besondere Vorschrift erforderlich. Im landrechtlichen Gebiete gehören die „Landseen", soweit nicht besondere Titel es anders bestimmen, den Anliegern nach der Ausdehnung des Uferbesitzes und bis zur Mitte des Gewässers. Dies ist aber lediglich eine Folgerung aus den bisherigen gesetzlichen Bestimmungen, insbesondere des ALR. I, 9 §§ 267, 268 (RG 3, 246) . . Mit diesen gesetzlichen Bestimmungen, die durch § 399 Abs. 2 Nr. 1 aufgehoben werden, fällt auch die Folgerung, da der Fortbestand des nur auf gesetzlichen Vorschriften beruhenden Eigentums den Fortbestand dieser Vorschriften voraussetzt (OVG. 48, 179). Es würde also künftig in allen Fällen, in denen das Eigentum nicht grundbuchlich feststeht oder sonst eine besondere Regelung getroffen ist, an einer Gesetzesnorm fehlen, die das Eigentum an den nicht zu den Wasserläufen gehörenden Seen regelt. Das allgemeine bürgerliche Recht enthält keine Bestimmungen darüber Der Entwurf schließt sich im wesentlichen dem geltenden Rechte an" (Begr zu § 183 S. 186).

Seewasserstraßenordnung

(Polizeiverordnung zur Regelung des Verkehrs auf den deutschen Seewasserstraßen vom 31. März 1927)

Erläutert von

Dr. Julius Sebba
Rechtsanwalt am Oberlandesgericht,
Dozent an der Handelshochschule in Königsberg i. Pr.

Taschenformat. 493 Seiten. 1928. In Leinen geb. RM. 8.50

„Die vorliegende Ausgabe bildet die erste juristische Kommentierung der neuen Seewasserstraßenordnung. Sie ist für die an dem neuen Gesetz interessierten beiden Fachgruppen, die der Nautiker und der Juristen, von gleich großer Bedeutung, da der Verfasser sich zur Aufgabe gestellt hat, die Rolle eines Vermittlers zwischen den beiden Gruppen zu übernehmen, indem er dem Juristen die tatsächliche Bedingtheit aller nautischen Vorschriften und dem Nautiker den inneren Zusammenhang der rechtlichen Vorschriften vor Augen führt. Diese Verbindung zweier Kenntnisgebiete gibt dem Kommentar seine besondere Note und seinen großen Wert für sämtliche interessierten Kreise." Zentralblatt für Handelsrecht.

Probeseite aus „Sebba, Seewasserstraßen“

Luftrecht

einschließlich

Luftverkehrsgesetz und Pariser Luftverkehrsabkommen

Erläutert von

Dr. jur. Rudolf Busse
Regierungsrat

Taschenformat. XVIII, 448 Seiten. 1928. In Leinen geb. RM. 10.—

D. Internationaler Teil.

I. Deutsche Sonderabkommen bestehen mit:
1. Schweiz v. 14. 9. 20 (ratifiziert 28. 12. 20),
2. Dänemark v. 25. 4. 22 (ratifiziert 14. 6. 23),
3. Niederlande v. 24. 7. 22 (noch nicht ratifiziert),
4. Österreich v. 19. 5. 25 (ratifiziert 25. 9. 25),
5. Schweden v. 29. 5. 25 (ratifiziert 23. 10. 25),
6. Frankreich v. 22. 5. 26 (ratifiziert 28. 1. 27),
7. Belgien v. 29. 5. 26 (ratifiziert 22. 10. 27),
8. Tschechoslowakei v. 22. 1. 27 (Ratifizierung folgt),
9. Italien v. 20. 5. 27 (ratifiziert 13. 3. 28),
10. Großbritannien v. 29. 6. 27 (ratifiziert 1. 12. 27),
11. Spanien v. 9. 12. 27 (Ratifizierung folgt).

I. Deutsche Sonderabkommen.

1. Mit der Schweiz.

Vom 14. September 1920, ratifiziert 28. Dezember 1920 (Reichs-Zentralbl. 1921 S. 168).

Provisorisches Übereinkommen, betreffend die Regelung des Luftverkehrs zwischen der Schweiz und Deutschland, vom 14. September 1920.

Der Schweizerische Bundesrat und der Präsident des Deutschen Reiches, im Namen des Deutschen Reiches in dem Bestreben, den Luftverkehr zwischen ihren Völkern zu fördern, haben sich entschlossen, zu diesem Zwecke ein provisorisches Übereinkommen abzuschließen und ihre Bevollmächtigten wie folgt bezeichnet:

Die preußischen Baupolizeigesetze

nebst den sonstigen einschlägigen Reichs- und Landesgesetzen

Erläutert von

Dr. jur. H. Heine

Obermagistratsrat

Taschenformat. 404 Seiten

1928. In Leinen geb. RM. 8.—

„Heine spricht hier aus einer außerordentlichen Erfahrung heraus über das preußische Baupolizeirecht. Seine dazu gegebenen Erläuterungen berücksichtigen Schrifttum und Rechtsprechung und sind für die Praxis eine wertvolle Ergänzung. Das Buch kann bestens zur Anschaffung empfohlen werden." Dr. Dersch.

„Die Erläuterung in Verbindung mit der Einleitung (11—41) ist trotz der gewollten Beschränkung recht reichhaltig und bringt alle wichtigen Rechtsgrundsätze."

Justizrat Dr. Karl Friedrichs, Ilmenau, in der „Juristischen Wochenschrift".

§ 2 geschützten Baulichkeit zum Zwecke baulicher Veränderungen kann verhindert werden, solange nicht der Plan für die Baulichkeit in der neuen Gestalt vorgelegt wird, nach dem eine Beeinträchtigung der Baulichkeit nicht stattfindet (OVG. Bd. 78 S. 424).

3. Wegen der Genehmigung durch die Wohnungsbehörde vgl. S. 281, wegen der Gefährdung von Nachbarn S. 47 Z. 7; vgl. ferner § 34 EBO.

§ 37. Dergleichen Gebäude muß der Eigentümer, soweit es zur Erhaltung der Substanz und Verhütung alles Schadens und Nachteils für das Publikum notwendig ist, in baulichem Stande unterhalten.

1. Der Eigentümer ist zur Erhaltung jedoch nur nach Maßgabe der allgemein für die Baupolizei maßgeblichen Grundsätze verpflichtet (OVG. Bd. 78 S. 430). Verfügungen sind daher nicht in erster Linie auf § 37 I 8 zu stützen, vielmehr ist dieser Paragraph nur dann heranzuziehen, wenn es sich darum handelt, die Verpflichtung des Eigentümers im Gegensatz zu der etwa behaupteten Verpflichtung eines anderen (Pächters, Mieters usw.) zu erhärten. Diese einschränkende Auslegung ergibt sich auch aus § 38.

2. Der Umfang der polizeilich geltend zu machenden Forderungen ergibt sich demnach in der Hauptsache aus § 10 II 17 ALR. Es kann nicht die Erhaltung des bestehenden Zustandes gefordert werden, sondern lediglich, daß aus dem Zustand des Grundstücks keine Gefahr erwächst. Dies kann u. U. selbst zur Forderung der Beseitigung eines Gebäudes führen. Zu beachten ist § 35 EBO. Abgesehen von dem Zustand der Gebäude selbst, ist dafür zu sorgen, daß nicht durch die Art der Benutzung Gefahren, insbesondere Feuersgefahr, entstehen. Endlich muß die Polizei darauf achten, daß nicht infolge einer Änderung der Verhältnisse — z. B. der Grundstücksgrenzen (vgl. PrVBl. Bd. 11 S. 473), der Umgebung, der wissenschaftlichen Erkenntnisse — ein für polizeiwidrig zu erachtender Zustand entsteht.

3. Verfügungen sind in erster Linie an den Eigentümer des Grundstücks zurichten. „Dem Eigentümer als solchem

Das Reichsgesetz

für

Jugendwohlfahrt

vom 9. Juli 1922

und Jugendgerichtsgesetz

vom 16. Februar 1923

nebst Nebengesetzen

Bearbeitet und herausgegeben von

Paul Drewes und **Emil Sandré**

Amtsgerichtsrat — Kreissyndikus

Referenten im Provinzialwohlfahrtsamt der Provinz Pommern

Zweite Auflage bearbeitet von

Amtsdirektor Paul Drewes

Taschenformat. XVI, 496 Seiten. 1928. In Leinen geb. RM. 11.—

Die Praxis der Jugendfürsorge macht eine Sammlung und Ordnung der Fülle der Gesetze, Nebengesetze, Verordnungen und deren Ausführungsregelungen sowie der Reichsgrundsätze notwendig. Diesem Bedürfnis entspricht die vorliegende Sammlung. Der Verfasser hat die Gesetze usw. mit ausführlichen Anmerkungen versehen und dabei auch die höchstrichterlichen Entscheidungen berücksichtigt, so daß diese Sammlung sowohl in der Knappheit ihrer Ausdrucksweise wie ihrer Übersichtlichkeit und Reichhaltigkeit wohl in den meisten Fällen der Praxis einen ausführlichen Kommentar ersetzen wird. Die meisten Abschnitte sind mit ausführlichen Vorbemerkungen versehen, auch nach der geschichtlichen Richtung hin, sodaß für die völlig Beherrschung dieses Stoffes das gesamte Material gegeben ist.

Gesetz über die
Beschäftigung Schwerkriegsbeschädigter
nebst den einschlägigen gesetzlichen Bestimmungen

erläutert von

Dr. Richard Schneider
Archivar beim Reichsgericht

unter Mitwirkung von

Dr. Adolf Günther
o. Professor an der Universität Innsbruck

Taschenformat. Etwa 400 Seiten.
1928. In Leinen geb. RM. 8.—

Der Kommentar, der in der Reihe unserer Ausgaben „Arbeiterschutz und Arbeitsrecht" erscheint, bringt den gegenwärtigen Stand der Gesetzgebung. Er berücksichtigt die Literatur und die Judikatur namentlich des Reichsarbeitsgerichts und der Landesarbeitsgerichte, außerdem die mit bindender Kraft ausgestatteten Beschlüsse des Schwerbeschädigtenausschusses bei der Reichsarbeitsverwaltung und die amtlichen Begründungen sowie die einschlägigen Bescheide des Reichsarbeitsministers bis in die neueste Zeit. Die umfassende Rechtsprechung und die eingehende wissenschaftliche Bearbeitung, die das Gesetz erfahren hat, beweisen seine hohe wirtschafts- und sozialpolitische Bedeutung. Das Buch stellt somit nicht nur beim Studium des Gesetzes ein wertvolles Hilfsmittel dar, sondern ist auch für den Handgebrauch des Arbeitsrechtspraktikers unentbehrlich.

Die preußischen
Jagdgesetze
in ihrer geltenden Fassung

Mit Erläuterungen versehen

von

A. Born

Erster Bürgermeister i. R.

Taschenformat. 433 Seiten. 1928. In Leinen geb. RM. 8.—

„Die vorliegende Ausgabe gibt eine eingehende Darstellung und Erläuterung der gesamten preußischen Gesetzgebung auf dem Gebiete des Jagdrechts. Hierin liegt der ganz besondere Wert des Werkes, da es ein einheitliches, für das gesamte Staatsgebiet gleichmäßig geltendes Jagdrecht in Preußen nicht gibt."

Zeitschrift für Selbstverwaltung.

„Im Buch ist also die ganze Jagdgesetzgebung Preußens lückenlos wiedergegeben. Es bildet auf diese Weise ein praktisches Nachschlagebuch und kann allen Jagdinteressenten warm empfohlen werden."

Forstarchiv.

Außer der Jagdordnung sind die Ausführungsanweisungen, die in Frage kommenden Bestimmungen des Strafgesetzbuches, das Landesverwaltungsgesetz, das Gesetz über den Waffengebrauch der Forst- und Jagdbeamten, das Stempelsteuergesetz, die Verwaltungsgebührenordnung, die Preußische Pachtschutzordnung und das Reichsvogelschutzgesetz berücksichtigt.

Die im vorstehenden als Anfangs- und Endtermine der Schonzeiten bezeichneten Tage gehören zur Schonzeit.

Beim Elch-, Rot-, Dam- und Rehwild gilt das Jungwild als Kalb bis einschließlich zum letzten Tage des auf die Geburt folgenden Februars.

Vorstehende Vorschriften über Schonzeiten finden auf das Fangen oder Erlegen von Wild in eingefriedigten Wildgärten keine Anwendung.

1. Die nicht in § 39 genannten nach § 1 jagdbaren Tiere haben keine Schonzeit, also Schwarzwild, Ottern, Füchse, wilde Katzen, Edelmarder, Schneehühner, wilde Tauben, Adler und wilde Gänse, gegebenenfalls — siehe § 40 Abs. 2c — Dachse und wilde Enten. Über Erlaubnis zum Erlegen von Wild während der Schonzeit siehe §§ 61, 62, 63, 64, 66, 67; vgl. auch § 105 FG. sowie § 1 daselbst über Schonzeit für Robben. Siehe auch § 30 FG. und Vogelschutzgesetz.

2. Zu Ziffer 2 siehe § 40 Abs. 1; zu Ziffer 5 siehe § 40 Abs. 2a; zu Ziffer 6: § 40 Abs. 2c; zu Ziffer 12 bis 14 siehe § 40 Abs. 2a; zu Ziffer 15 siehe § 40 Abs. 2c; zu Ziffer 19 siehe § 40 Abs. 2b.

3. Abs. 4. „Der Begriff des „Wildgartens“ ist ein weiterer als der des „Tiergartens“. Die Worte „Wildpark“ und „Wildgarten“ sind in ihrer Bedeutung unsicher. Namentlich bezeichnet der Ausdruck „Wildgarten“ in der Verkehrssprache, welche nur Flächen geringeren Umfanges „Gärten“ nennt, regelmäßig kleinere mit Wild besetzte Gebiete; in den neueren Gesetzen dagegen wird er entweder ausschließlich für eingehegte Jagdreviere gebraucht oder umfaßt er doch solche mit (§ 39 Abs. 4 JO.). Dagegen hat der Ausdruck „Tiergarten“ seinen ganz bestimmten Sinn; er bedeutet ein Gelände von geringerem Umfange, in welchem Tiere, besonders Wild, zu anderen als Jagdzwecken, also insbesondere zur Schau und Zierde, daneben auch zu wissenschaftlichen und Zuchtzwecken

Das deutsche
Berufsbeamtentum
und die parlamentarische Demokratie

Von

Dr. Arnold Köttgen
Privatdozent an der Universität Jena

Groß-Oktav. VI, 275 Seiten. 1928. RM. 9.—

Unter den mannigfachen politischen Kämpfen, von denen der Ausbau und die weitere Entwicklung der Weimarer Verfassung begleitet sind, steht der Kampf um das Berufsbeamtentum mit in vorderster Reihe. Wenn gerade hier die Gedanken der Verfassung, insbesondere das parlamentarische System, in der praktischen Politik auf stärkste Schwierigkeiten gestoßen sind, deren volle Bedeutung erst langsam sichtbar wird, so erklärt sich dies aus der Tatsache, daß den seit Weimar grundlegend veränderten staatsrechtlichen Verhältnissen im Ausbau des Beamtenrechts ungenügend Rechnung getragen worden ist. Es ist die Aufgabe dieser Schrift, die grundverschiedenen Voraussetzungen, die die konstitutionelle Monarchie und die parlamentarische Demokratie dem Berufsbeamtentum bieten, in ihrer Gegensätzlichkeit einander gegenüberzustellen, um hieraus, gestützt auf die Erfahrungen des Auslandes (England, Frankreich und Amerika), die für Deutschland im augenblicklichen Stadium der Dinge nach Ansicht des Verfassers gegebenen Schlüsse zu ziehen.

Kapitel XXI.

Die rechtlich geschützte Individualsphäre des einzelnen Beamten und ihre allgemeine politische Bedeutung.

Mit der über ihren ursprünglichen Geltungs-Bereich weit hinausgehenden Bedeutung dieser Individualsphäre, mit ihren mittelbaren staats-politischen Wirkungen haben wir uns bereits mehrfach beschäftigt. Jede Sicherung der individuellen Interessen des Beamten muß automatisch auf die gesamte Organisation der Bureaukratie zurückwirken; eine Stabilisierung der Individualsphäre des einzelnen Beamten geht notwendig Hand in Hand mit einer Stabilisierung der Bureaukratie überhaupt.

Daß eine solche Verstärkung der persönlichen Unabhängigkeit des einzelnen Beamten allerdings den gegenwärtigen Bedürfnissen allein nicht genügen kann, ist bereits mehrfach betont worden. Die deutsche Reichsverfassung steht zwar anscheinend auf einem anderen Standpunkt. Wenn eine befriedigende Stabilisierung der Gesamtbureaukratie auf dem von der Verfassung eingeschlagenen Wege nicht erreicht werden kann, so erklärt sich dies insbesondere daraus, daß eine derartige Sicherung der Individualsphäre des einzelnen Beamten nur in relativ eng gesteckten Grenzen praktisch durchführbar ist, wenn nicht die Behördenorganisation die erforderliche Elastizität verlieren soll[1]). Es erscheint daher mehr als fraglich, ob der Kreis der von der Verfassung den Beamten verliehenen Rechte noch in nennenswertem Umfang erweiterungsfähig ist.

Die Reichsverfassung hat das Beamtenproblem mit Hilfe der Anerkennung von Individualrechten zugunsten des einzelnen Beamten zu lösen versucht. Den wichtigsten Fortschritt der Verfassung

---

Richtungen hin sehr viel zu wünschen übrig und die bevorstehende Reform wird gerade bei der Ordnung des Verfahrens eine völlige Umgestaltung der jetzigen Verhältnisse eintreten lassen müssen, um dem Beamten eine unparteiische Rechtsprechung und die Möglichkeit umfassender Verteidigung zu gewährleisten."

[1]) Daß die dem Beamten gesicherte Individualsphäre bereits heute die allgemeine Beweglichkeit und Leistungsfähigkeit der Beamtenschaft herabsetzt, ist eine kaum zu leugnende Tatsache, die aber aus allgemeinen politischen Rücksichten notwendig in Kauf genommen werden muß. Wenn z. B. etwa Spengler neue Formen der Personalpolitik fordert, insbesondere gegen die Lebenslänglichkeit der Anstellung Sturm läuft und die „Majorsecke" auch für die Bureaukratie verlangt, so sind das Wünsche, die innerhalb der Organisation des parlamentarischen Staates niemals berücksichtigt werden können. (Vgl. „Neubau des Deutschen Reiches 1924, S. 36 ff.

Neue Besprechungen unserer Werke

Senatspräsident a. D. Dr. Baumbach, Berlin, in der „Deutschen Juristen-Zeitung" 1928 Heft 13 über

Friedrichs, Allgemeiner Teil des Rechts [1])

„Er führt seinen Plan mit großer Sachkunde und in ganz eigenartiger Zusammenstellung durch. Das Buch ist eine bedeutende und höchst lehrreiche Arbeit."

RA. James Breit in der „Juristischen Rundschau" 1928 Heft 1 über

Mosse-Heymann, Handelsgesetzbuch. 17. Auflage [2])

„Man darf ohne Übertreibung das nunmehr Mosse-Heymannsche Handelsgesetzbuch als notwendiges Inventar jeder juristischen Handbibliothek bezeichnen. Die Ausstattung des Buches durch die Verlagsbuchhandlung darf als vorbildlich bezeichnet werden."

Rechtsanwalt Dr. Möhring, Berlin, i. d. „Deutschen Versicherungs-Presse" über

Koenige-Petersen, Gesetz über die privaten Versicherungsunternehmungen. 3. Auflage [3])

„Was die Namen Koenige und Petersen in der versicherungsrechtlichen Literatur bedeuten, braucht hier nicht hervorgehoben zu werden. Der hier erwähnte Kommentar gehört zu den klassischen Standardwerken der versicherungsrechtlichen Literatur. Gerade mit Rücksicht auf die Wandlungen, die das Versicherungswesen in der Zeit von 1910 bis 1927 genommen hat, ist die Anschaffung dieses Kommentars für jeden Versicherungsfachmann, der sich mit dem Gesetz befassen muß, unerläßlich."

---

[1]) Der Allgemeine Teil des Rechts. Eine Darstellung der gemeinsamen Lehren des öffentlichen und des privaten Rechts. Von Justizrat Dr. Karl Friedrichs. Groß-Oktav. X, 306 Seiten. 1927. 12.—, geb. 13.50.

[2]) Handelsgesetzbuch (ohne Seerecht). Mit den ergänzenden Vorschriften des Bürgerlichen Gesetzbuchs und einem Anhang, enthaltend das Einführungsgesetz, das Depotgesetz, die Bestimmungen über Börsentermin- und Differenzgeschäfte u. a. Nebst Erläuterungen. Im Anschluß an die Textausgabe von F. Litthauer. Von Dr. Albert Mosse, weil. Geh. Justizrat, Oberlandesgerichtsrat a. D. und o. Honorarprofessor. Neubearbeitet von Dr. Ernst Heymann, Geh. Justizrat, o. Professor an der Universität Berlin. Siebzehnte Auflage. Unter Mitwirkung von Dr. Karl August Crisolli in Berlin. Oktav. VIII, 693 Seiten. 1926. Geb. 14.—. (Guttentagsche Sammlung Deutscher Reichsgesetze Bd. 4.)

[3]) Gesetz über die privaten Versicherungsunternehmungen vom 12. Mai 1901. Textausgabe mit Anmerkungen und Sachregister. Von Dr. jur. h. c. Heinrich Koenige. Dritte, umgearbeitete Auflage von Dr. jur. h. c. Heinrich Koenige, Senatspräsident am Reichsgericht i. R., und A. Petersen, Oberregierungsrat, ständiges Mitglied des Reichsaufsichtsamts für Privatversicherung. Taschenformat. 856 Seiten. 1927. Geb. 20.—. (Guttentagsche Sammlung Deutscher Reichsgesetze Bd. 62.)

Prof. Julius von Gierke über

Brodmann, Kommentar zum Gesetz betreffend die Gesellschaft mit beschränkter Haftung. (GJK I)[4])

„Der vorliegende Kommentar bietet eine Auslegung des G. m. b. H.-Gesetzes, welche sich vor allem durch Selbständigkeit und Scharfsinn auszeichnet."

Die „Blätter für Genossenschaftswesen" vom 27. 1. 28 über

Parisius-Crüger, Das Reichsgesetz betreffend die Erwerbs- u. Wirtschaftsgenossenschaften. 11. Auflage[5])

„Die Handausgabe zeichnet sich durch besonders präzis gefaßte, auf ein geringstes Maß beschränkte und trotzdem allgemein verständliche Anmerkungen aus, die ihren Zweck, den Gesetzestext zu erläutern, Streitfragen zu klären und die Kenntnis der Rechtsprechung zu vermitteln, ausgezeichnet erfüllen. Daß die Anschaffung der neuen Handausgabe auch für die kleinste Genossenschaft unerläßlich ist, braucht nicht mehr hervorgehoben zu werden. Aber auch für den Juristen und alle anderen Kreise, die sich mit Genossenschaftsrecht zu beschäftigen haben, bildet der kleine Kommentar ein unentbehrliches Hilfsmittel."

Das „Kommunale Echo" vom 25. 4. 1928 über

Günther-Schneider, Arbeiterschutz und Arbeitsrecht. I. Arbeitszeitschutz. 2. Auflage[6])

„Eine vorzügliche, übersichtliche Einführung in die Arbeitszeitgesetzgebung. Dr. Schneider, der als Archivar des Reichstags über eine bewährte Kenntnis der einschlägigen Verhältnisse verfügt, hat sich ein großes Verdienst dadurch erworben, daß er den I. Teil der Neuauflage in der Hauptsache übernommen hat. Der vorliegende Handkommentar wird für die Praxis ein vorzügliches Hilfsmittel sein."

Die „Deutsche Wirtschafts-Zeitung" vom 5. VII. 1928 über

Nußbaum, Bank- und Börsenrecht[7])

„Der vorliegende Band bietet eine überaus wertvolle Bereicherung des Rechtstatsachenmaterials für ein sehr wichtiges Gebiet des Wirtschaftsrechts. Schon diese wenigen Angaben ergeben den außerordentlichen Wert des neuen Werkes."

---

[4]) Gesetz, betreffend die Gesellschaften mit beschränkter Haftung. Kommentar von Dr. jur. Erich Brodmann, Reichsgerichtsrat i. R. Groß-Oktav. VIII, 315 Seiten. 1924. 16.—, geb. 18.—. (Gewerbe- und Industrie-Kommentar Bd. I.)

[5]) Das Reichsgesetz, betreffend die Erwerbs- und Wirtschaftsgenossenschaften. Kommentar zum praktischen Gebrauch für Juristen und Genossenschaften. Bis zur dritten Aufl. herausg. von Ludolf Parisius u. Dr. Hans Crüger. Elfte, neubearb. Auflage von Dr. Hans Crüger, Dr. Adolf Crecelius und Kammergerichtsrat Fritz Citron. Groß-Oktav. XV, 598 Seiten. 1928. 28.—, geb. 30.—

[6]) Arbeiterschutz und Arbeitsrecht. (Erste Auflage von Dr. Adolf Günther). Zweite Auflage. I. Teil: Arbeitszeitschutz. Das Arbeitszeitnotgesetz und die übrige arbeitszeitrechtliche Gesetzgebung des Reichs seit 9. November 1918. Erläutert von Dr. Richard Schneider, Archivar beim Reichstag, unter Mitwirkung von Dr. Adolf Günther, o. Professor an der Universität Innsbruck. Taschenformat. 386 Seiten. 1927. Geb. 7.50. (Guttentagsche Sammlung Deutscher Reichsgesetze Bd. 138 a.)

[7]) Bank- und Börsenrecht. Eine Sammlung von Gesetzen und Geschäftsbedingungen. Herausgegeben und eingeleitet von Dr. Arthur Nußbaum, Professor an der Universität Berlin. Taschenformat. XII, 622 Seiten. 1927. Geb. 11.—. (Guttentagsche Sammlung Deutscher Reichsgesetze Bd. 169.)

Senatspräsident Dr. Degen im „Archiv für Rechtspflege in Sachsen, Thüringen und Anhalt" über

Michaelis, Kommentar zum Scheckgesetz (GJK II) [8])

„Das Werk dürfte zur Zeit an Reichhaltigkeit wie auch an Wissenschaftlichkeit von keinem anderen Kommentar zu diesem Gesetze übertroffen werden."

Prof. E. Adler, Wien, in „Markenschutz und Wettbewerb" 1928, Nr. 7 über

Pinner-Elster, Gesetz gegen den unlauteren Wettbewerb. 8. Auflage [9])

„Die Beliebtheit des Büchleins, die sich schon in der hohen Auflagenziffer ausdrückt, wird durch die neue Auflage wohl noch gesteigert werden."

Die „Deutsche Wirtschafts-Zeitung" vom 28. VI. 1928 über

Hagens, Kommentar zum Warenzeichenrecht (GJK III) [10])

„Die Reihe der Kommentare zum Warenzeichenrecht wird durch die vorliegende ausgezeichnete Arbeit von Senatspräsident Hagens in wertvoller Weise ergänzt. Der Verfasser will in seinem Kommentar ein klares, geschlossenes System des Warenzeichenrechts herausarbeiten, z. B. durch folgerichtige Durchführung des Begriffs „Immaterial-Güterrecht" und „Unwirksamkeit" der Zeichen und durch konsequente Durchführung wettbewerblicher Grundsätze, besonders der Priorität. — Es handelt sich um einen großangelegten, wissenschaftlich-praktischen Kommentar, der sich nicht nur durch sorgsame Berücksichtigung der Rechtsprechung auszeichnet, sondern auch Literatur zur Ergänzung seiner eigenen Ausführungen in umfassendem Maße zitiert, so daß dem Benutzer eine gründliche Prüfung der einschlägigen Fragen ohne Zeitverlust ermöglicht wird."

„Württembergische Zeitschrift für Rechtspflege und Verwaltung" II. 1927 über

Sydow-Busch-Krieg, Konkursordnung und Anfechtungsgesetz. 14. Auflage [11])

„Bei dem gegenwärtigen Mangel an guten brauchbaren Ausgaben der Konkursordnung wird die neue Auflage des Sydow-Busch allen Juristen sowie jedem, der sich mit der Konkursordnung zu befassen hat, willkommen sein."

---

[8]) Scheckgesetz mit allen einschlägigen Nebengesetzen, den ausländischen Gesetzen und dem Deutschen Postscheckgesetz mit Postscheckordnung. Kommentar von Reichsgerichtsrat Richard Michaelis. Groß-Oktav. VII, 339 Seiten. 1927. (Gewerbe- und Industrie-Kommentar Bd. II.) 16.—, geb. 18.—

[9]) Gesetz gegen den unlauteren Wettbewerb vom 7. Juni 1909. Textausgabe mit Anmerkungen, Einleitung und Sachregister. Von Justizrat A. Pinner und Dr. A. Elster. Achte, sehr vermehrte und umgestaltete Auflage von Dr. Alexander Elster. Taschenformat. 254 Seiten. 1927. Geb. 5.—. (Guttentagsche Sammlung Deutscher Reichsgesetze Bd. 37.)

[10]) Warenzeichenrecht. Kommentar von Dr. Alfred Hagens, Senatspräsident am Reichsgericht. Groß-Oktav. VIII, 408 Seiten. 1927. 22.—, geb. 24.—. (Gewerbe- und Industrie-Kommentar Bd. III.)

[11]) Konkursordnung und Anfechtungsgesetz. Mit Anmerkungen unter besonderer Berücksichtigung der Entscheidungen des Reichsgerichts. Begonnen von Dr. R. Sydow. Fortgeführt von L. Busch, Reichsgerichtsrat i. R., jetzt zugleich mit O. Krieg, Landgerichtsrat. Vierzehnte, vermehrte Auflage. Taschenformat. XXXI, 662 Seiten. 1926. Mit Nachtrag 1927. Gebunden 10.—. (Guttentagsche Sammlung Deutscher Reichsgesetze Bd. 13.)

Geh. Justizrat Prof. Dr. Heilfron in der „Deutschen Allgemeinen Zeitung" über

Liszt-Schmidt, Lehrbuch des deutschen Strafrechts. 25. Auflage[12])

„So wird das Werk auch weiter seinen großen Zweck erfüllen, den fertigen Juristen als Nachschlagebuch, den werdenden als trefflichsten Führer auf dem Wege zur Erkenntnis der Strafrechtprobleme zu dienen."

LGR. Dr. Goltermann in der „Zeitschrift für Eisenbahn- und Verkehrsrecht" vom 2. 8. 1927 über

Meyer, Gesetz über die Enteignung von Grundeigentum. 3. Auflage[13])

„Die Neuerscheinung dieses lange vergriffenen Buches kommt einem praktischen Bedürfnis entgegen. Bei der Persönlichkeit des Bearbeiters bedarf es keiner besonderen Hervorhebung und Empfehlung. Möchten bald in ähnlich mustergültiger Weise für das Gebiet des Eisenbahn- und Verkehrsrechts in der Guttentagschen Sammlung andere vergriffene Deutsche Reichsgesetze wieder erscheinen!"

C. G. Bruns in „Nation und Staat" 6. 1928 über

Robinson, Minoritätenproblem und seine Literatur[14])

„Der den Lesern dieser Zeitschrift wohlbekannte Verfasser hat sich durch das vorliegende Werk ein Verdienst erworben. Man darf wohl sagen, daß er der Einzige ist, der diese Arbeit wagen durfte. Ganz besonders wertvoll ist die sorgfältige Verarbeitung der Materialien."

Das „Deutsche Polizei-Archiv" 1928 Heft 11 über

Born, Fischereigesetz[15])

„Die Ausgabe bietet eine bis jetzt fehlende neue Darstellung des Fischereigesetzes, in der vor allem die neue Rechtsprechung eingehend verwertet ist. Der klare und eingehende Kommentar dürfte für Verwaltungsbehörden, Wasserpolizeibehörden, Fischereigenossenschaften, Fischereiunternehmen und an Wässern gelegene Industrien von größtem Interesse sein."

---

[12]) Lehrbuch des deutschen Strafrechts. Von Professor Dr. Fr. von Liszt. Fünfundzwanzigste, vollkommen durchgearbeitete und zum Teil umgestaltete Auflage. (46. bis 48. Tausend.) Besorgt von Professor Dr. Eberhard Schmidt. Mit einem Bildnis Franz von Liszts. Groß-Oktav. XXXIV, 976 Seiten. 1927. 27.50, geb. 30.—

[13]) Gesetz, betreffend Enteignung von Grundeigentum. Von O. Meyer, Oberlandesgerichtspräsident. Dritte Auflage. Taschenformat. 249 Seiten. 1927. Geb. 5.50 (Guttentagsche Sammlung Preußischer Gesetze Bd. 37.)

[14]) Das Minoritätenproblem und seine Literatur. Kritische Einführung in die Quellen und die Literatur der europäischen Nationalitätenfrage der Nachkriegszeit, unter besonderer Berücksichtigung des völkerrechtlichen Minderheitenschutzes.

Allgemeiner Teil. Von Jacob Robinson, Rechtsanwalt in Kaunas (Litauen). Groß-Oktav. 265 Seiten. 1928. 9.— (Beiträge zum ausländischen öffentlichen Recht und Völkerrecht, herausgegeben von Professor Dr. Viktor Bruns, Heft 6.)

[15]) Das preußische Fischereigesetz vom 11. Mai 1916 in der geltenden Fassung. Erläutert von A. Born, Erster Bürgermeister i. R. Taschenformat. 428 Seiten. 1928. Geb. 7.50. (Guttentagsche Sammlung Preußischer Gesetze Nr. 62.)

Geh. Justizrat Prof. Dr. Heilfron in der „Deutschen Allgemeinen Zeitung" vom 14. 1. 1928 über

Wo finde ich alle wichtigen Entscheidungen? [16])

„Die Verlagshandlung ist von dem sehr richtigen Gedanken ausgegangen, daß für die mit der Rechtsprechung arbeitenden Beamten und sonstigen Rechtsbeflissenen die Zersplitterung in zahlreiche Zeitschriften außerordentlich störend ist."

[16]) Wo finde ich alle wichtigen Entscheidungen der letzten Zeit? Handweiser für die Gerichts- und Anwaltspraxis. Halbjährlich 3 Hefte. Neue Folge Band II Heft 5 6. Klein-Oktav-Querformat. 108 Seiten. 1928. Vierteljährlich 1.—

Unsere Zeitschriften

Inhalt der letzten Hefte

Juristische Rundschau

Herausgegeben von Otto Lindemann, Ministerialdirektor, Geh. Oberjustizrat, Berlin, Dr. Friedrich Flad, Senatspräsident beim Reichsgericht, Leipzig, Fritz Hartung, Ministerialrat im preußischen Justizministerium, Berlin und

Höchstrichterliche Rechtsprechung

Herausgegeben von Eugen Friedrichs, Oberlandesgerichtsrat, Naumburg a. d. S., Dr. Albert Feisenberger, Reichsanwalt, Leipzig, Benno Mugdan, Kammergerichtsrat i. R., Geh. Justizrat, Berlin.

Erscheint am 1. und 15. jeden Monats. 4. Jahrgang. 1828. Vierteljährlich RM. 7.50, Einzelheft RM. 1.50.

Oberlandesgerichtsrat Dr. Gutjahr: Landesverräterische Fälschung.

Professor Dr. Stier-Somlo, Köln: Schrifttum: Sammelreferat arbeitsrechtlicher Literatur.

Oberlandesgerichtsrat Dr. Hertel, Oppeln: Die Auswirkung der §§ 6 Abs. 2; 7 Abs. 4.

Rechtsanwalt Dr. Alfons Roth, Berlin: Wann ist eine Hypothek für Rechnung des Grundstückserwerbers abgelöst?

Privatdozent Dr. C. Goroncy, Königsberg (Pr.): Beiwohnung außerhalb der Empfängniszeit.

Ministerialrat Lucas, Berlin: Schrifttum: Sammelreferat neuerer staats- und verfassungsrechtlicher Literatur.

Reichsgerichtsrat Dr. Sontag, Leipzig: Zur Verwirkung bei der Aufwertung.

Amtsgerichtsrat Dr. Fricke, Göttingen: Grundsätze der Strafberechnung.

Landgerichtsdirektor Graßhoff, Berlin: Der Einzelrichter im deutschen Zivilprozeßrecht.

Reichsgerichtsrat Michaelis, Freiburg i. Br.: Die Angriffe gegen die Rechtsprechung des Reichsgerichts in Aufwertungssachen.

Landgerichtsrat Dr. F. Caro, Berlin: Vormerkung und guter Glaube. „Soziologische" und „formale" Gesetzesauslegung.

Dr. Heinz Potthof, München: Entgeltsansprüche bei gesetzwidriger Überarbeit.

Oberlandesgerichtsrat Probst, Stuttgart: Abhilfe für den Hypothekengläubiger?

Oberlandesgerichtsrat i. R. Geheimen Justizrat Grünebaum, Düsseldorf: Empfiehlt sich eine zusammenfassende Neuregelung der Haftpflichtgrundsätze für Eisenbahnen, Straßenbahnen, Kraft- und Luftfahrzeuge?

Dr. Alexander Elster, Berlin: Schrifttum: Geistig-gewerblicher Rechtsschutz.

Amtsrichter Weinkauff: Die geheimen und staatsfeindlichen Verbindungen im Entwurf eines Allgemeinen Deutschen Strafgesetzbuches 1927.

Kammergerichtsrat Dr. Nadler, Berlin: Die Rechtsprechung zur Aufwertungsnovelle.

Gerichtsassessor a. D. Dr. Breetzke: Darf ein deutsches Gericht eine mündliche Verhandlung außerhalb der Landesgrenzen abhalten?

Landgerichtsdirektor Dr. Püschel, Berlin: Die Kaufgeldforderungen aus dem Jahre 1921 nach der Novelle zum Aufwertungsgesetz.

Rechtsanwalt Dr. Hans Fritz Abraham, Berlin: Friedrich Nietzsches Bedeutung für die Rechtsentwicklung der Gegenwart, Schuld und Strafe.

Amtsgerichtsrat Dr. Rühl, Kassel: Verewigung der Einsprüche und Unsicherheit von Aufwertungsansprüchen.

Reichsgerichtsrat Dr. Sonntag, Leipzig: Die Einrede der Verwirkung im Aufwertungsrecht.

Rechtsanwalt Dr. Wassertrüdinger, Nürnberg: Die Verletzung der vereinbarten Vertragsform.

Landesgerichtsdirektor Dr. Albert Hellwig, Potsdam: Strafrechtspflege und Kriminalpolitik.

Kammergerichtsrat Citron, Berlin: Ist eine Verschmelzung einer bereits in Liquidation befindlichen Genossenschaft mit einer andern zulässig?

Entscheidungen des Reichsgerichts

Herausgegeben von den Mitgliedern des Gerichtshofes und der Reichsanwaltschaft. Oktav. (Zwei Sammlungen.)

1. Entscheidungen in Zivilsachen. (Werden in Heften im Umfange von etwa 5 bis 6 Bogen sowie in vollständigen Bänden, geheftet und gebunden, ausgegeben. Jährlich 4 Bände.) 1.—120. Bd. Je RM. 6.50, geb. 8.—.

2. Entscheidungen in Strafsachen. (Werden in Heften im Umfange von 5 bis 6 Bogen sowie in vollständigen Bänden, geheftet und gebunden, ausgegeben. Jährlich 1 Band.) 1.—62. Band. Je RM. 6.50, geb. 8.—.

Entscheidungen des Reichsarbeitsgerichts

Herausgegeben von Mitgliedern des Reichsarbeitsgerichts.

Dritte Serie der amtlichen Sammlung der Reichsgerichtsentscheidungen (neben den Entscheidungen in Zivilsachen und den Entscheidungen in Strafsachen). Umfang der Bände etwa 25 Bogen. Band I, 1928. RM. 6.50, geb. 8.—.

Wo finde ich

alle wichtigen Entscheidungen der letzten Zeit? Handweiser für die Gerichts- und Anwaltspraxis. Neue Folge. Halbjährlich 3 Hefte. Preis je Halbjahr RM. 2.—.

Bank-Archiv

Zeitschrift für Bank- und Börsenwesen. Herausg. von Geh. Justizrat Prof. Dr. jur. Dr. rer. pol. h. c. Riesser, Berlin. Schriftleitung: Rechtsanwalt Otto Bernstein, geschäftsführendes Vorstandsmitglied des Zentralverbandes des deutschen Bank- u. Bankiergewerbes, Berlin. 27. Jahrg. Monatl. 2 Hefte. Preis pro Halbj. RM. 12.—.

Reichsgerichtsrat a. D. Simonson, Leipzig: Die öffentlichen Sparkassen im wechselgeschäftlichen Verkehr.

Rechtsanwalt Dr. Fritz Neumann, Vorstandsmitglied der Mitteldeutschen Boden-kredit-Anstalt: Erststellige Hypotheken.

Rechtsanwalt und Notar Georg Lenzen, Berlin: Lombardgeschäfte.

Dozent Dr. jur. und Dr. rer. pol. Richard Kerschagl, Wien: Die Währungsreformen in den Balkanstaaten. Griechenland-Rumänien-Jugoslavien-Bulgarien.

Rechtsanwalt Heinrich Richter, Berlin-Wilmersdorf: Der Schutz gegen mißbräuchliche Verwendung beim Verrechnungsscheck.

Franz Urbig, Geschäftsinhaber der Diskonto-Gesellschaft, Berlin: „The Mythology of Reparations".

Dr. Paul Schulz-Kiesow, Privatdozent an der Hamburgischen Universität: Das langfristige Kreditproblem der mittleren Industrie.

Dr. Gustav Sintenis, Geschäftsinhaber der Berliner Handels-Gesellschaft: Wann fällt die Straffsteuer für Reichsmarkanleihen?

Staatssekretär a. D. Carl Bergmann, Berlin: Zur Ordnung der Währung und der Staatsfinanzen in Frankreich.

Dr. jur. H. A. Simon, Berlin: Das amerikanische Freigabegesetz.

Dr. jur. Wilhelm Koeppel, Berlin: Die Rechtsprechung des Reichsfinanzhofs zur Steuerverordnung über Goldbilanzen.

Veröffentlichungen des Reichsaufsichts-amts für Privatversicherung

Jahrgang 27. 1928. Heft 1. RM. 7.—, Heft 2. RM. 13.—.

Geschäftsbericht des Reichsaufsichtsamts für Privatversicherung für das Jahr 1927.

Zeitschrift für die gesamte Strafrechtswissenschaft

Gegründet von Franz v. Liszt und Adolf Dochow. Unter ständiger Mitarbeit der Herren Dr. M. Alsberg, Professor Dr. E. v. Beling, Professor Dr. E. Delaquis, Professor Dr. F. Doerr, Oberreichsanwalt Dr. L. Ebermayer, Reichsanwalt Dr. A. Feisenberger, Professor Dr. R. v. Frank, Professor Dr. B. Freudenthal, Professor Dr. J. Goldschmidt, Professor Dr. R. v. Hippel, Generalprokurator Dr. Höpler, Professor Dr. M. Liepmann, Professor Dr. W. Mittermaier, Professor Dr. G. Radbruch, Professor Dr. W. Sauer, Professor Dr. Eberhard Schmidt, Privatdozent Dr. Wegner herausgegeben von Dr. Karl von Lilienthal, Professor in Heidelberg, Dr. Ed. Kohlrausch, Professor in Berlin, und Dr. W. Gleispach, Professor in Wien.

1928/29. . . . 1. Halbband RM. 15.—.

Dr. Erwin Baumgarten, Regierungsrat im Württ. Justizministerium: Die Geburtsstunde des modernen deutschen Strafrechts. Vortrag gehalten am 11. 1. 1927 auf dem Stuttgarter Juristenabend.

Dr. Georg B. Ducas, Athen: Verbrechen und Strafe.

Dr. Leopold Zimmerl: Grundsätzliches zur Teilnahmelehre.

Prof. Dr. Oluf H. Krabbe in Kopenhagen: Über Verjährung der Strafverfolgung.

Dr. Hans von Hentig, München: Über den Einfluß der Sicherungsverwahrung auf die englische Kriminalität.

Dr. Krebs, Eisenach: Der Erziehungsbeamte in der Strafanstalt.

Dr. Rudolf Plischke, Dresden: Jugendstrafvollzug. (Wiedergabe eines im Praktikum des Verbandes für Jugendhilfe zu Dresden am 3. Januar 1928 gehaltenen Vortrags.)

Med. Rat Dr. Schaefer, Arzt der hess. Zentralstrafanstalten, Butzbach: Psychotherapie und Strafvollzug. Vortrag gehalten in der hess. Vereinigung für gerichtliche Psychiologie und Psychiatrie in Gießen.

Literaturbericht:

Berichterstatter:

Prof. Dr. Eberhard Schmidt in Kiel: Rechtsgeschichte.

Prof. Dr. W. Sauer in Königsberg: Rechts- und Sozialphilosophie.

Prof. Dr. Max Grünhut in Bonn in Verbindung mit Prof. Dr. E. Mezger in Marburg (6, 7, 19, 20), Prof. Dr. H. Kantorowicz in Freiburg i. B. (11), Prof. Dr. L. Zaitzeff in Berlin (15), Prof. Dr. H. v. Weber in Prag (21) und Alfred Giegold, Weimar (12, 14): Kommentare und Lehrbücher.

Zeitschrift für Bergrecht

Bis zu seinem Tode herausgegeben von dem Wirkl. Geh. Rat, Berghauptmann a. D. Dr. jur. H. Brassert. Redigiert und herausgegeben von den rechtskundigen Ministerialräten der Bergabteilung des Preußischen Ministeriums für Handel und Gewerbe. Jahrgang 68. 1927/28. RM. 20.—.

Berggesetzgebung, Bergpolizeivorschriften usw.

Abhandlungen.

Oberregierungsrat Dr. W. Hundemer in München: Die rechtliche Stellung der Knappschaftsausschüsse als Rechtsinstanzen.

Rechtsanwalt Dr. Ludwig Meyer in Berlin: Die Bewertung des Bergwerkseigentums und ähnlicher Rechte nach dem geltenden Reichsbewertungsgesetz und im Entwurfe des Steuervereinheitlichungsgesetzes.

Entscheidungen der Gerichtshöfe.

Praxis der Verwaltungsbehörden.

Literatur.

Sachregister.

Zeitschrift für das gesamte Luftrecht (ZLR.)

Herausgegeben von Dr. jur. Otto Schreiber, o. Professor an der Universität in Königsberg i. Pr., Geh. Regierungsrat, Leiter des Instituts für Luftrecht. Erscheint in Bänden zu je vier Heften. Band I, Heft 1. 1926. RM. 12.—; Heft 2/3. 1927. RM. 18.—; Heft 4. 1928. RM. 20.—.

I. Aufsätze.

Hans Oppikofer: Juristisches zum Luftlichtbild.

Lutz Richter: Die Sozialversicherung des Luftverkehrspersonals.

II. Keinere Beiträge.

Dietz: Das Protokoll betr. die Abänderung des Art. 5 der Konvention über die Regelung der Luftfahrt vom 13. Okt. 1919.

Hermann Döring: Das Reichsgericht zur Enthaftungsklausel im Luftverkehr.

III. Rechtsprechung.

1. Urteil des Reichsgerichts vom 19. 5. 27.
2. Urteil des Landgerichts I Berlin vom 14. 6. 27.

IV. Aus dem Schrifttum.

Gesetze und Materialien zur Gesetzgebung.

Entwurf des Comité International Technique des Experts Juridiques Aériens (Citeja).

Bericht und Entwurf der Luftpost-Konferenz im Haag, September 1927.

Entwürfe der Internationalen Handelskammer.

Deutsches Reich. Brasilien. Lettland.

Zeitschrift für ausländisches und internationales Privatrecht

Herausgegeben in Gemeinschaft mit Ernst Heymann, Heinrich Titze, Martin Wolff, o. Professoren an der Universität Berlin, wissenschaftliche Beiräte des Instituts für ausländisches und internationales Privatrecht, Max Pagenstecher, o. Professor an der Universität Frankfurt a. M., Franz Schlegelberger, Ministerialdirektor im Reichsjustizministerium, Honorarprofessor an der Universität Berlin, von Ernst Rabel, o. Professor an der Universität Berlin, Direktor des Instituts für ausländisches und internationales Privatrecht. (Jährlich 6 Hefte.) 1. Jahrgang. 1927. RM. 40.—; 2. Jahrgang. 1928. 1. Halbband RM. 25.—.

Abhandlungen:

Riezler: Zur gesetzlichen Neugestaltung des schweizerischen, italienischen, polnischen und tschechoslowakischen Urheberrechts.

Elster: Die sachlichen Grenzen des Urheberrechts, Kritik neuerer Tendenzen der in und ausländischen Gesetzgebung.

Calamandrei: Einleitende Bemerkungen zum Studium des Entwurfs der italienischen Zivilprozeßordnung (Übersetzung des Instituts).

Schöndorf: Neuerungen des Zivilgesetzbuchs Sowjetrußlands und ihre Anwendung in der Rechtsprechung.

Neuner: Die Beurteilung gegenseitiger Verträge nach dem Rechte des Schuldners.

Wahle: Das Liechtensteinsche internationale Privatrecht.

Länderberichte:

Fritzsche: Gesetzgebung und Rechtsprechung der Schweiz auf dem Gebiete des internationalen Privat- und Zivilprozeßrechts. Einführung und Bericht über 1926.

Pupacher: Die Rechtsprechung des österreichischen Obersten Gerichtshofes im Jahre 1926.

Bericht des Instituts: Die privatrechtliche Gesetzgebung der Tschechoslowakei im Jahre 1926.

Bericht des Instituts: Britische Rechtsprechung 1926.

Rost: Gesetzgebung Spaniens im Jahre 1926.

Rost: Das neue spanische Arbeitsgesetzbuch.

Gerota: Gesetzgebung, Rechtsprechung und Schrifttum in Rumänien im Jahre 1926.

Mitteilungen:

Dauernder Bierbezugsvertrag. — England. Ein Gesetzesvorschlag auf Aufhebung der G. m. b. H. in Frankreich. Vergütung für die an den Generalversammlungen teilnehm[illegible]en Aktionäre in Frankreich. Schadenersatzpflicht wegen ehewidriger Beziehungen. — Schweiz. Wallisische Gerichtssprache. Haager Zivilprozeßabkommen. — Danzig. Mehrvalutarische Schuldverschreibungen. Rundfunk. — England. Die Aufgabe der Justizgewerkschaften. — Italien. Das neue tschechoslowakische Wechselrecht.

Literatur zur Rechtsvergleichung: Selbstberichte.

FSC
www.fsc.org
MIX
Papier | Fördert
gute Waldnutzung
FSC® C083411

Kolibri 360 GmbH
Ferdinand-Jühlke-Straße 7
99095 Erfurt, Deutschland
produktsicherheit@kolibri360.de